人と生活

「生活する力を育てる」ための研究会　編

片山 倫子・渋川 祥子・沖田富美子　責任編集

工藤由貴子・田畑　泉・塚原 典子
小川 宣子・池田 駿介・武藤 安子
伊藤 葉子・岡林 正和・天野 晴子
西村 隆男・戒能 民江・西島 基弘
多屋 淑子・都築 和代　共著
(執筆順)

建帛社
KENPAKUSHA

「生活する力を育てる」ための研究会（五十音順）

小川 宣子・沖田富美子※・片山 倫子※
工藤由貴子・渋川 祥子※・多屋 淑子
塚原 典子・都築 和代　　　　　※責任編集

はじめに

　本書は，第22期日本学術会議会員および連携会員で構成された健康・生活科学委員会家政学分科会（日本学術会議の分野別委員会の一つである健康・生活科学委員会に設置された分科会の一つ）の全委員からなる『「生活する力を育てる」ための研究会』によって刊行したものである。

　ちなみに，日本学術会議は，科学が文化国家の基礎であるという確信の下，行政，産業および国民生活に科学を反映，浸透させることを目的として，昭和24年（1949年）1月に設立された機関で，現行では，わが国の人文・社会科学，生命科学，理学・工学の全学問分野の約84万人の科学者を内外に代表する機関として210人の会員と約2,000人の連携会員によって職務が担われている。

　家政学分科会（第20期および第21期は生活科学分科会の名称で活動）では「家政学」（「家庭生活を中心とした人間生活における人と環境との相互作用について，人的・物的両面から研究し，生活の向上とともに人類の福祉に貢献する」ことを目的とする）に関する教育研究に携わってきた立場から，日本学術会議の掲げる目的である「国民生活に科学を反映，浸透させること」を実現する方策を検討してきた。

　特に，近年の科学・技術の進歩は著しく，その成果をもとに日常生活の有り様が大きく変動している今こそ，「家政学」の原点に立ち返り人の視点から総合的に人の生活に関する問題について教育研究を進めることが，喫緊の課題の一つであると考えた。高度に経済成長した社会に生まれ育ち，これから社会人として社会を支える役目を担う大学生に対して，人と暮らしに関する総合的な教育が必要であることから「生活する力を育て

る」ことを目指す内容の教養科目の開設を提案する活動を展開するに至った。

半期（15回開講）の講義科目を設定し，講義内容を検討するために分科会主催の公開講演会「大学の教養教育に，授業科目『生活する力を育てる』を！」第1回；平成22年3月4日，第2回；平成22年9月18日，第3回；平成23年3月12日（11日の大震災のため7月5日に延期）を開催し，家政学および家政学に隣接する広範な分野の専門家による合計12件の講演を行った。

第22期の分科会活動として，この講演内容をもとに，さらに具体的な授業内容の検討を続け，講義のモデルとなるシラバスを提案するとともに，授業内容の見本でもあり，授業用のテキストとしても利用可能な本の作成を検討した。

7月になって『「生活する力を育てる」ための研究会』を，家政学分科会の全メンバーによって立ち上げ，この研究会が最終的な本書の企画・立案をまとめ，さらに建帛社のご協力を得て，本書を刊行することになった次第である。

最後に，ここに至るまでにお力添えいただいた多くの方々に心から御礼申し上げます。

2012年10月

著者を代表して　片山　倫子

目　次

序　章　　1

第1章　人生のマネジメント　　5

1．長寿社会とはどういう社会か……………………… *5*
2．人間が長寿であるという特徴を生かす …………… *8*
3．生活のマネジメントを積み重ねて人生を
　　マネジメントする…………………………………… *9*

第2章　身体活動と健康　　17

1．身体活動とは………………………………………… *17*
2．エクササイズガイド2006………………………… *18*
3．生きる力を維持するための方策…………………… *27*

第3章　生活と健康の管理　　29

1．各ライフステージにおける生活と健康の管理…… *29*
2．ライフステージをつなぐ健康管理………………… *34*
3．生活のリズムと生体リズム………………………… *37*
4．ストレスと健康……………………………………… *39*

第4章　人間の生活と自然環境　　41

1．人々の生活と災害…………………………………… *41*
2．水質問題と生態系…………………………………… *43*
3．エネルギーと温暖化………………………………… *45*
4．生活の持続可能性…………………………………… *48*

第5章 生活の中の人間関係　　49

1．人間関係のダイナミックス ……………………… *49*
2．人間関係におけるコミュニケーション ………… *53*
3．支え合う人間関係とボランティア活動 ………… *56*

第6章 人の育ちと家族のかかわり　　61

1．子どもを取り巻く現代社会の課題 ……………… *61*
2．子どもの育ちとさまざまな環境 ………………… *64*
3．親になるための資質と親の役割 ………………… *65*
4．男女共同の子育てと社会支援 …………………… *67*

第7章 社会人になること　　69

1．資本主義経済の成り立ち ………………………… *69*
2．企　業　と　は …………………………………… *70*
3．企業の経済活動に必要な資金の調達 …………… *71*
4．企業の組織 ………………………………………… *73*
5．企業の国際化（グローバル化） ………………… *75*
6．企業活動と経済との関係 ………………………… *76*
7．企業が求める人材 ………………………………… *78*

第8章 家計からみた現代の暮らし　　81

1．家族と暮らし方の変化 …………………………… *81*
2．多様なライフコースと家計 ……………………… *84*
3．高齢期の家計と就労経歴 ………………………… *91*
4．貧困に陥らず，自分らしい人生を歩むために … *91*

第9章 生活のリスクとマネジメント　93

1. 生活のリスク……………………………………………… *93*
2. 雇用とリスク……………………………………………… *94*
3. 健康とリスク……………………………………………… *96*
4. 所得とリスク……………………………………………… *97*
5. 事故とリスク……………………………………………… *100*
6. 消費生活とリスク………………………………………… *100*
7. リスクと向き合う………………………………………… *104*

第10章 生活を守る法　105

1. 私たちの生活と法………………………………………… *105*
2. 働くことと法……………………………………………… *107*
3. 暴力と法…………………………………………………… *114*

第11章 生活の安全と安心　121

1. 食べ物の安全と安心の概念……………………………… *121*
2. 食中毒……………………………………………………… *123*
3. 食品の放射能汚染………………………………………… *126*
4. 衛生管理…………………………………………………… *131*
5. リスクアナリシス（リスク分析）……………………… *133*

第12章 食生活について　135

1. 食の機能…………………………………………………… *135*
2. 栄養機能…………………………………………………… *136*
3. 生活のリズムの調整……………………………………… *139*
4. 食の精神的機能と共食…………………………………… *140*
5. 食事形態の選択…………………………………………… *142*
6. 食事に対する価値観……………………………………… *145*

第13章　衣生活について　　147

1．「被服」の機能……………………………… *147*
2．和服から洋服へ …………………………… *151*
3．近年の衣生活 ……………………………… *152*
4．衣服の洗濯 ………………………………… *157*
5．これからの衣生活への提案 ……………… *158*

第14章　住生活について　　159

1．住居の機能 ………………………………… *159*
2．快適な住まい ……………………………… *161*
3．安全な住まい ……………………………… *163*
4．ライフサイクルと住生活 ………………… *165*

第15章　これからの生活を考える ―演習―　　169

1．人生のマップを書こう …………………… *169*
2．具体的問題の演習 ………………………… *170*

■索　引………………………………………… 173

序章

　現在の日本では平均寿命が延び，多くの人が80歳を超える人生を送ることになっている。人生を大きく3段階に分けて考えたとき，「育てられる時期」，「自立し社会活動をし，次世代を育てる時期（成人期）」，「社会的活動を主とする生活を終え生きる時期（老齢期）」に分けることができる。これまで，約20年の月日を生きてきた大学生諸氏は，成人期の入り口にあり，今後これまでの約3倍の月日を生きていくことになる。これからは，育てられる時期というどちらかといえば受動的な生き方ではなく，自ら考え主体的に生きていく時期になる。これから先，社会人として，一人の人としてどのような暮らし方を作り上げていくかを，ここでしっかりと考えてみよう。

　社会は，人間生活の集合体であり，個々人の生活がその社会の基盤となっている。どのような生活をいかに営んでいくかは，帰属する社会の質を左右する大きな要因である。

　日本は高度成長を遂げ，豊かな成熟社会になっているが，一方で格差の問題や，将来に対する不安など，これまでの社会的な進歩や発展に多くの反省点や問題点があることも事実である。日本が経済成長のまっただなかにあった時代には，経済的発展が優先され，多くの人が幸せは経済的な豊かさによると考えていた。しかし，経済的な豊かさが一定のレベルに達し，物質的な豊かさを手に入れたとき，経済発展の陰の部分に起きる矛盾も指摘され，人の幸せとは何か，豊かな生活とはどのような暮らしなのかが問われる時代になってきている。折しも，2011（平成23）年3月の東日本大震災や原子力発電所の事故を機に，人の暮らし（生活）の大切さや，

暮らしの中で大切にするものは何なのかが具体的に問われることになった。

　日本全体が，豊かな質の高い社会を構築するためには，より多くの人が健康で質の高い生活を送ることが基盤となる。現在の日本社会では，政治家をはじめ多くの人が『「暮らし」が大切』と言うが，暮らし（生活）とはいったいどのようなものであろうか。「暮らし」はどのような要素から成り立っているかを考えてみる必要がある。

　日々の暮らし（生活）は，まず健全な生活をすることによって健康な身体と心をもつこと，周りの人々と健全な人間関係を構築すること，自然とどのように共存して生きるかを考えること，社会の中で安定した生活をするための社会機構を理解すること，そして日々の生活の中で具体的にどのように行動すればよいか理解し実践できること，など多くの問題に取り囲まれている。

　健康で健全な豊かな生活〔QOL（quality of life：生活の質）の高い生活〕を作り上げていくためには，生活にかかわる事象を多面的に理解し，自身の生活の場で選択・実践していくことが必要である。どのような生活が，自分にとって，そして周りの人にとって，さらには社会にとって質の高い生活なのかを考える必要がある。昔，男性は社会的な地位・富を得ることが良いこととされ，女性は良妻賢母が良いとされた時代があった。しかし，現在は，価値観が多様化しており，画一的な「規範となる暮らし方」はなく，個人個人が総合的な視野で自分自身が日々どのような生活をし，どのような人生を送るかを選択する必要がある。そして，誰もがQOLの高い生活を送ることを目指した社会になっている。

　そこで，本授業科目では，暮らしを取り巻く問題を大きく6つに分けて，これからの暮らしをどのように構築するかについて考える機会を提供したい。

　① 長い一生のこれからの生活を展望する。

② 人が生まれてから一生を終えるまで，各ライフステージで体も心も変化する。それぞれのライフステージでの過ごし方が健康な心や体，生活の質に影響することや，若い時代の生活の管理が次のステージの健康に影響することもあることなどを考えてみる。

③ 人は，人の中で暮らしているのであるから，生活をしていく上では周りの人との関係が大切である。育てられた家族との関係，社会人として働くときの職場での人間関係，これから家庭を作るための配偶者との関係，次世代の子どもたちを育てる上での問題などである。

④ この社会で生活していくためには経済活動など社会との関連をもたざるを得ないし，自分の能力を発揮するためにも社会活動を行う。日常生活を営み，社会活動を行う上で，予想外の困難な問題に遭遇するかもしれない。社会構造を理解し，生活を支えるための保障制度や法律についてもある程度の知識が必要である。また，個々の生活者が健全な経済活動を行うことが，社会全体の経済活動に影響を及ぼす。どのように私生活の経済管理を行うかも大切な問題となってくる。

⑤ 人間が快適な生活をするために自然を破壊していることが問題になっている。そして，時として自然は，人間の予想を超える猛威をふるうこともある。昔から人々は自然と共存し自然を愛し，尊んで暮らしてきた。子どもたちが健全に育つためにも自然の中で暮らすことが大切とされている。そこで，生活の高度化と自然環境との共存についても考えてみる必要がある。

⑥ 日々の暮らしは，着ること，食べること，そして住むことが大きな要件である。これらを具体的に営んでいくときの，考え方や問題点も取り上げたい。

大学進学以前の段階での生活に関する教育は，家庭科として行われており，小学校高学年から始まり，中学校，高等学校で行われている。以上に

述べた本教科書で取り上げる内容は，家庭科の中で一応網羅されているはずだが，皆さんの受けてきた家庭科はどうだっただろうか。

　小，中，高等学校ではそれぞれの発達段階に応じて生活のことを学ぶように教育課程が組まれている。高等学校の家庭科では，生活の主体者として将来の生活を見据えて生活のことを学ぶことになっている。ただ，その教育の実態は，広範囲の内容であるにもかかわらず授業数が少ないことなどで十分な効果を上げていない場合が多い。

　皆さんが，大学で学び自分の将来の進路が見えてきた今の時期に，もう一度，人の生活とはどういうことかを最新の知識と情報を得て理解し，これから先，自分自身の生活の価値をどこにおくのか，自らの生活をどのように選択し，構築していくかを考え，実践を試みてほしいものである。

　大学で専門教育を受け，それぞれの分野で専門家として社会活動を行う場合，例えば，政治家になるにしても，民間企業で製造業に携わるにしても，福祉関係の仕事に従事するにしても，どの職業でも，社会は人の集合体であることから，最も基礎となる「人の生活」を考えることのできる総合的視点が何よりも必要となる。

　どのような職業を選び，どのような人生を理想とするのかは個々人で異なるが，誰もが毎日，生活を積み重ねて生きていくことは同じである。その毎日の生活をどのように選択するかで，それぞれに個性のある人生が築かれる。

　一人ひとりがどのような生活の仕方を選択するかが，今後の日本の社会のあり方にも大きく影響することを考え，また，皆さん自身の一生の充実にもつながることを考えて，これからの自分自身の生活について考えてみてほしい。

第1章 人生のマネジメント

　長寿社会が到来した。人類未踏の「新しい社会」の出現である。人類が長いこと夢に描いた長生きできること，それを心から喜び合いたいものである。そのための課題は何か，長寿社会という新しい社会で，一人ひとりが生き生きと暮らす人生のマネジメントとはどのようなものかを考えてみよう。

　長寿社会とはどういう社会なのだろうか。それを知ると，長寿社会という新しい社会を生きていくには，長寿の特徴を生かして豊かな生活を営むための新たなスキルやパワー，現代社会における生活する力が必要であることがわかる。それはどのようなものか，そしてその力を育むマネジメントについて考えてみよう。

1. 長寿社会とはどういう社会か

　人は長寿を願いそれを実現した。日本人の**平均寿命**は男性79.64年，女性86.39年（2010年，以下数値はすべて2010年）と世界最高水準を誇る。100歳以上高齢者の数も約4万8千人と急増した。75歳までの生存率も男性72％，女性87％と，多くの人に長い人生が約束されている。寿命のみでなく，**健康寿命**も伸長した。半世紀前には人生50年といわれたことなど信じがたいほど元気で個性的な高齢者のロールモデルに満ちている。

　一方で，世界で有数の子どもの生まれにくい**少子化社会**でもある。1人

の女性が生涯にもつとされる子ども数は1.39人（表1-1）と，単純に計算すれば世代が替わるごとに日本の人口は3分の2になるという過激な数値である。その背景にあるのは若い人たちの結婚，出産，育児，性別役割分業に対する態度の変化である。結婚する意思をもつ人は多いが，未婚でいることの不自由も大きくなく，結婚する積極的理由は曖昧である。相手に望む条件は厳しく，条件に合うような相手に巡り会うまでは，と先延ばしの傾向が強い。

また，働く環境の不安定さも若者たちを結婚から遠ざけている。正社員として雇われる人の割合は減少を続け，雇用されて働く人の3人に1人はパートタイマーなどの非正規雇用である。雇用期間の見通しがつきにくく，経済的にも厳しい状況では安定した生活へのビジョンは描きにくい。

表1-1　生活にかかわる指標の変化

		1920年 (大正9年)	1950年 (昭和25年)	1970年 (昭和45年)	1990年 (平成2年)	2010年 (平成22年)
合計特殊出生率		5.1	3.65	2.13	1.54	1.39
平均寿命（歳）	男	42.06	59.57	69.31	76.04	79.64
	女	43.20	62.97	74.66	82.07	86.39
区分別人口割合（％）	0～14歳	36.5	35.4	23.9	18.2	13.4
	15～64歳	58.3	59.7	69.4	69.5	64.0
	65歳以上	5.3	4.9	7.0	12.0	22.7
75歳までの生存率（％）	男	12.8	29.4	43.5	63.0	72.1
	女	18.7	40.5	61.2	79.9	86.5
25～29歳未婚率（％）	男	25.7	34.5	46.5	69.3	71.8
	女	9.2	15.2	18.1	54.0	60.3
30～34歳未婚率（％）	男	8.2	8.0	11.7	42.9	47.3
	女	4.1	5.7	7.2	26.6	34.5
雇用形態別割合（％）	正規雇用		86.2	84.7	79.8	66.4
	非正規雇用		9.7	15.3	20.2	33.6

（総務省：国勢調査報告，厚生労働省：人口動態統計，文部科学省：日本の教育統計　などから作成）

このような中で，かつてのような「皆婚社会」で，多くの人が「結婚適齢期」に結婚して子どもを２〜３人もうけるという姿は急速に変化した。未婚率が上昇し，29歳までの男性の71％，女性の60％が未婚である。また，男性で２割，女性でも１割が，統計でいう「生涯未婚」である。こうした状況を背景に**人口の高齢化**が急速に進み，日本は65歳以上人口の割合で示される**高齢化率**世界一を誇る社会となった。総人口が減少し始め，これまで日本社会が経験したことのない**人口減少社会**が到来している。

　一定の年齢になれば学校を卒業し，結婚し，子どもをもうけ，一生懸命働いていれば，夢を実現できる，このような社会の用意したモデルにそった人生は，多くの人にとっての現実ではなくなりつつある。これまで親や前の世代の人たちが手にいれていたあたりまえの生活がなくなる一方で，自分の選択による部分が大きくなっている。

　あなたが生きているのはこのような社会である。そこでは，選択による自由が増えた分，一人ひとりの自己責任や努力に期待する風潮が高まっている。男女共同参画社会の形成，あるいは生涯現役との勇ましいかけ声とともに，老若男女すべての人のもつ知恵・技能・労力を提供することが要請されている。社会の政策も，保護から自立支援へと大きく転換され，受動的存在ではなく能動的に行動し選択できる個人への期待が高まっている。市場に氾濫する商品やサービスの中から適切なものを選ぶこと，情報を正しく理解し，多様化・複雑化する契約の責任も個人にあるという傾向が強まっている。

　このような自立支援の強調は，人間の主体性や行動力の尊重のようにみえる。しかし，すべての人がそのように行動できるだろうか。その答えは明らかで，誰でもいつでも自分の力で適切な判断をしたり行動したりできるわけではない。自立した生活のできない人は社会の仕組みの輪から外されてしまうというリスクの大きい社会である。

　このような社会において，誰でも安心して希望のある生活を築くために

は，一人ひとりが生活力を高める，その力をもって，まわりの人の自立を応援しながら，どんな状態にある人も生活の主体でいられるような生活の仕組みをつくっていくことが必要だということに気づかされる。そのような生活力とはどこにあるのか，生活力はどこから生まれ，強くなっていくのか，新しい生活のマネジメントとはどのようなものか，考えてみよう。

2. 人間が長寿であるという特徴を生かす

（1）新しい社会を生きる力

　いま青年期という**ライフステージ**[注1]にいるあなたは，このような社会の中で，これから大人の世界へ，さらにはその先に続く高齢期へと人生をつなげていく。居心地のよい場所で，温かい人間関係に包まれて生活していきたい，夢を実現させたい，このことだけは何としても守りたい等々，さまざまな希望をもっていることだろう。

　これから先の人生にはモデルがない。自分で探りながらそれらのことを実現させていく方法を見出していくことになる。あれかこれかと心に思い描きながら，新しくできあがってくるものの可能性を探りながら歩いていく，そのプロセスがあなたの人生を創っていく。人生において想定されるさまざまなことに十分に備え，そのような試行錯誤を繰り返すことが，今はまだ，想像でしかない人生を現実のものに創り上げるただ一つの方法である。

　人生が長くなったことは，単に持ち時間が増えたことを意味するに留まらない。何歳の時には何をすべきという年齢に対する規範の薄れている今日，いつどこで何をするかを自分で決める，という**人生設計**がますます重要になっている。あなたは人生の主人公として，長い一生を生きる生活のスキル，知識，人間関係等を獲得し，それらの資源を人生全体の中にうまく配分して使っていくことが重要な課題となる。それには，人間の生活や

社会にとって人間が長寿であるということがもつ意味を知り，長寿社会の特徴を十分に生かしていくことが鍵となる。

（2）新しい発達観

人の一生は長く，高齢期を有することが人間の特徴であることを考えると，成熟し完成体になるまでの期間のみを発達期と捉え，それ以降は発達停止期，あるいは衰退期であるというこれまでの発達観では，人の一生という長い時間の中で生じるさまざまな変化を捉えることはできない。個性に満ちた，変化に富んだ人生の展望を見通すには，一律的な標準的なものさしではなく，多次元的，多方向的に生じる新しい行動の変化を捉える多様なものさしが必要となる。いかに早いか，いかに効率的かということだけではなく，量的に拡大することでもなく，また，生産性に役立つかどうかを中心にするのでもなく，複眼的な視点で，生きていく過程で形成される多次元的な変化の全体を**生涯発達**[注2]として捉える視点によってのみ，人生の全体が把握される。

このような生涯発達は，健康な環境によって育まれる。しかし，できあがった環境を与えられるだけでは十分ではない。それぞれにふさわしい食事，装い，住まい，豊かな人間関係，社会の仕組みといったリソースを自分のまわりに配置することに参画できることが大事であり，そのことを通じて生涯発達する存在である自分自身が形成されるのである。

3．生活のマネジメントを積み重ねて人生をマネジメントする

（1）自分のライフスタイルを創ろう

生涯発達し続ける存在であるために，自分のライフスタイルを形成することから始めよう。私たちのライフ，すなわち生活とは，食べる，寝る，住まうといった「いのちを守る」ための基本的・生理的欲求，さらに，目

的に向かって「たくましく うまく よりよく生きていく」という社会的・文化的生活欲求を含むものであり，それらを充足するために，人，ものやサービス，お金，情報，時間，空間等の**生活資源**[注3]，国や地方自治体の供給する社会保障，社会サービスなどの社会資源，地域の互助的なネットワーク，NPO（民間非営利組織）の提供するサービスを配置して自分の生活の拠点をつくる活動の総体が**生活のマネジメント**である[注4]。そして，そのような場をつくるに際して，さまざまなリソースのうち何を選んで どう配置し，組み立てていくかによってあなたの**ライフスタイル**[注5]が形成される。

生活のマネジメントによって形成される「場」には慣れ親しんだもの，使いこなしやすいものがうまく配置され，自分の好みの色やデザインで満たされ，健康を守るに十分な快適さの中にある。家族が向き合い，家事をはじめとして日常生活に必要な営みが行われる。そうした個人の空間はその人のプライバシーを守りつつも，隔離されているのではなく開放的である。人はその場を介してさまざまな関係性をつくる。そこには年齢や身体状況に左右されない参加の機会があり，その外側は**ノーマライゼーション**の理念に基づく環境，**セーフティネット**，豊かな社会資本によって守られ，自然，気候，文化，歴史などがある（図1-1）。

その活動が向かっていくところは，一人ひとりが，自分の人生を守ること，まわり（異なる世代・異なる文化・地域やコミュニティ）を守ること，環境（身近な・地球を・自然を）を守ること，そして，それを通して，子ども，大人，高齢者，障害のある人，ケアが必要な人，誰もが参加して創り上げていく人間の生活が中心にくる主体的で創造的な生活を実現することである。

（2）人生のマネジメントへ

このように生活を組み立てる**リソースマネジメント**を効率よく行うこと

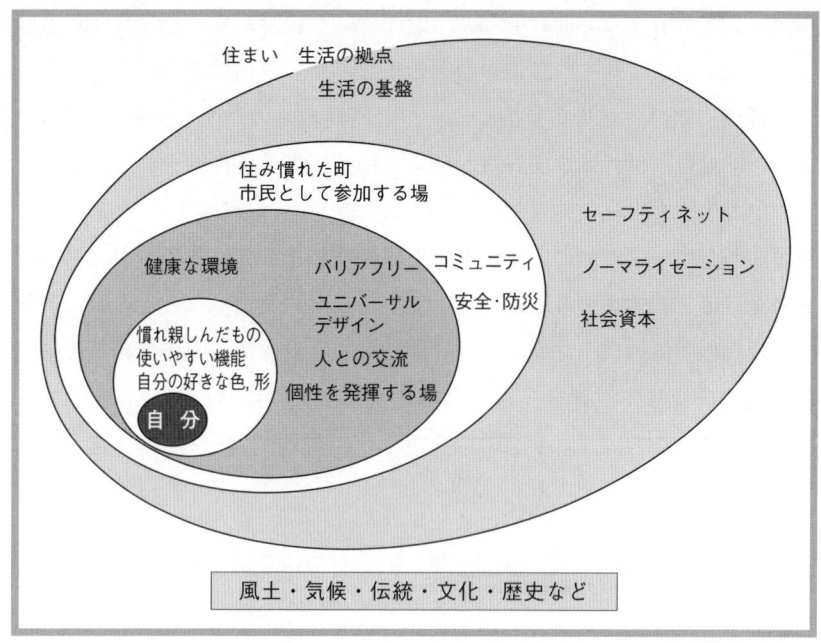

図1-1　生活のマネジメントによって形成される「場」

を生活の横の糸だとすれば，それを継続させていき長い人生をつくりあげるという生活の縦の糸も大事で，その両方の糸によって編み出されるのが人生である。毎日の生活が個性豊かに営まれることと同時に，時間の経過の中で個人が変化することもあらかじめ組み込んで，先を見通す生活の姿勢も大事である。長期的な生活のマネジメント，すなわち「人生のマネジメント」によって，毎日の生活は単純に繰り返されるだけの習慣化されたものではなく，その積み重ねによって主体的で創造的な生活が実現される。このような視点に立っての人生マネジメントは，特に，今日のような長寿社会においてその重要性が大きい。

ここでは特に，**時間資源**のマネジメントが重要な意味をもつ。個人が人生を生きる中で積み上げてきた時間（加齢効果），特定の時代を生きてきた

世代として共有する時間（年齢効果），歴史的な視野からみた今日という時間（時代効果），これらの3つの時間の重なりから生活は形成される。そういう視点に立つと，現在を捉える一つの時間のみの過度な強調から離れ，生活の継続性，世代間の関係性，継承・伝達，持続可能性といったバランスの中で生活をトータルに捉えていくことが可能になる。

　短期的なニーズだけにとらわれず，長期的にその先にある本当に必要なものを見出し，現在の社会に不足していることに気づくこと，それは，例えば世代の間でのワークシェアリングといった働き方についての新しい発想，生涯を通じて教育を受けられる機会の拡大，商品開発や新しいマーケットの発見など，これからの社会づくりに向かうニーズを掘り起こすことにもつながることだろう。

（3）新しい生活の価値の創造へ

　このように積み重ねられる生活の営みは，自分の人生を守り，まわりの人たちや自然を守ることだけではなく，新しい社会のありようを形づくるという側面ももっている。固有の価値体系をもつ社会の中で育つ私たちは，その社会の一員としてふさわしいものの考え方や態度を身につけている一方で，私たちが選択する生活のスタイル，形成する価値がひいては社会全体の動向にも影響を与えるという循環する関係にある。私たちの毎日の行動は，新しいライフスタイルや生活文化，コミュニティを形成していくことを通じて社会のありように大きな影響を与えている。

　時代の移り変わりの中で，これまで生活者はさまざまな価値をつくってきた。いくつかの価値観調査からみてみよう。

　一つの象徴的な変化は，「心の豊かさ」を重視する人が「物の豊かさ」を重視する人を大きく上回り，人々の関心がものから心へとシフトしたことである。「今後の生活において，ものの豊かさと心の豊かさに関してあなたの考え方に近いのはどちらですか」という質問に対して，「物質的に

は豊かになったのでこれからは心の豊かさやゆとりのある生活をすることに重きをおきたい」という志向をする人が多数を占めてきた（図1-2）[1]。

「生命・健康・自分」「子ども」「家族」「家・先祖」「金・財産」「愛情・精神」「仕事・信用」「国家・社会」「その他」という選択肢の中で「あなたにとって一番大切と思うものは何ですか」という問いに対して「家族」と答える人は増加し続けている[2]。この変化の過程は，家族規模が一貫して縮小し，家族機能が弱体化したとされる時期と対応している。かたちや機能の大きな変化にかかわらず，その多様な家族を多くの人は最も大切な価値と考え続けている。

職業観の変化もみられる。あなたが一番大事だと思う仕事はなんです

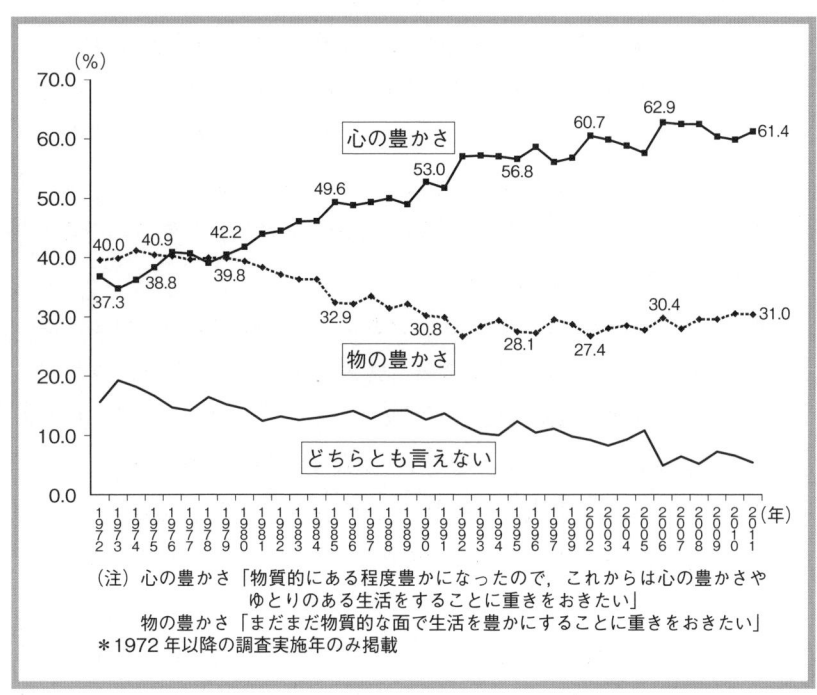

図1-2 「物の所有」から「ライフスタイル」や「個性の重視」へ
（内閣府：国民生活に関する世論調査，各年版）

か」という仕事に関する価値観調査では「仲間と楽しく働ける」「健康を損なう心配がない」「自分の特技がいかせる仕事」という条件をあげる人が「高い所得が得られる」「世の中のためになる」などをあげる人をはるかにしのぎ[3]，経済的達成，地位や名誉にかわって関係性によって得られる価値を大事にする傾向がみられる。地域に根ざした活動やコミュニティ・ビジネスを志向する人も増えており，その動機は仕事の理念への共感，人とのつながりである。「未来より現在」志向の高まりも顕著で，「貯蓄・投資などをして将来に備える」人の割合は減少し，「毎日の生活を充実させて楽しむ」という選択へと大きくシフトしている[1,3]。

「仕事重視」から「余暇も仕事も」と，仕事だけではなく余暇にも比重をおく傾向も一貫して強くなっている[4]。

公共に対する意識の変化もみられ，社会貢献に対する意識の高まり，これまでの公共とは異なるみんなで担う公共領域における活動も広がっている[5]。特に，東日本大震災の後，ボランティア，NPOやその他の市民活動への意識が高まり，それらの支え合う活動経験者の割合はそれまでと比べて大きく増加している。また，今後も参加し続けたいと思っている人も顕著に増加した[1]。

このように人々は，豊かさの意味をさまざまな形で追い求めるようになった。内面生活を豊かにする時間や機会を大切にし，家族，コミュニティ，仕事の関係性を重視する人が増えている。そして今日，個性に富んだ人生をそれぞれが豊かに生きることを保障する基本的な土台として，経済的な豊かさ，成長・拡大，効率といった，いわゆる**近代社会**[注6]の価値に代わって，共生・循環・調和などの新しい価値が創造されている。

これからの新しい長寿社会のゆくえは，あなたたちの手の中にある。これからのあなたの人生，そして，社会のありようは，どんな人生を望むか，どんな豊かさを実現したいかというあなたの意思しだい。社会の中に

よい人間関係をつくりながら　自然との調和ある暮らしの中で，安心で豊かな生活を築いていこう。

注1）**ライフコース，ライフステージ**
　　生まれてから死ぬまでの一生にわたる，人生上でたどる道のり（人生行路）をライフコースという。ライフコース上には，青年期，成人期，高齢期などのライフステージ（段階）がある。それぞれの段階にはその段階で果たすべき目標，社会的役割や活動，人間関係がある。
注2）**生涯発達**
　　人間の発達は生涯にわたってさまざまな方面にみられ生涯を通じて新しい行動の変化が起こるという考え方が社会的に受容され，共有されてきた。年齢に依存した発達の見方，生産性を中心にした発達観への疑問，発達の多様性に注目する。
注3）**生活資源**
　　その獲得・分配によって生活が営まれるもの。健康，知識，生活力，家族関係，などの人間関係資本，生活に必要なもの・サービス，お金，資産といった経済関係資本の総体。
注4）**生活のマネジメント**
　　マネジメントという言葉は，企業の活動にもよく使われるが，それらと人生のマネジメントとの本質的な違いはその目標にある。企業が経済合理性に基づき利益・利潤を目標としているのとは異なり，生活のマネジメントは，自分自身の生活を自分で創るという主体的な態度に基づいて，他の人やまわりの環境からの一方的なコントロールを拒否し，生活に対する自律性を確保しようとして行われる，よりよい生活の実現に向かう活動である。
注5）**ライフスタイル**
　　個人または世帯における生活資源に対する選好のパターン。衣・食・住・趣味・生活時間や空間の使い方などさまざまな側面から形成される。所得，年齢，性別，世代等によって規定される場合が多いが，多様化しているところが現代社会の特徴とされる。
注6）**近代社会**
　　産業化，都市化，資本主義経済の発達，教育制度の成立と普及，などの特徴によって表される時代。画一的であること，標準化した家族，性別役割分業体制などによって特徴づけられる。それに対してポスト近代とは近代以降という意味であり，1990年代まで続いた日本の近代社会とは異なる特徴を備える1990年代以降の社会をいう。

【引用文献】

1) 内閣府：国民生活に関する世論調査，各年版
2) 統計数理研究所：国民性の研究，各年版
3) NHK放送文化研究所：「日本人の意識・2008」調査
4) 内閣府：国民生活選好度調査，各年版
5) 内閣府：社会意識に関する世論調査，各年版

【参考文献】

・中川清：現代の生活問題，放送大学教育振興会，2011.
・広井良典：持続可能な福祉社会—「もうひとつの日本」の構想，筑摩書房，2006.
・本田由紀：多元化する「能力」と日本社会，NTT出版，2005.
・松村祥子：暮らしをつくりかえる．暮らしをつくりかえる生活経営力（日本家政学会生活経営学部会編），朝倉書店，2010.
・総務省：国勢調査．http://www.stat.go.jp/data/kokusei/2010/index.htm
・厚生労働省：国民生活基礎調査．http://www.mhlw.go.jp/toukei/list/20-21.html
・国立社会保障・人口問題研究所：人口統計．http://www.ipss.go.jp/

第2章 身体活動と健康

　身体活動は，人類，その祖先の頃から，生まれてから死ぬまで，生きるために不可欠な人の生活の一部分である。それを維持することが生活の質を生涯にわたって維持するために必要である。

　現代では，身体活動量・運動量・体力は糖尿病等の生活習慣病発症に大きな影響を与えており，生活習慣病発症予防には週当たり23エクササイズの身体活動，そのうち4エクササイズは運動を行うことが必要である。また，最近，注目されているメタボリックシンドローム解消には週当たり10エクササイズの運動が必要である。

1. 身体活動とは

(1) 運動・身体活動・生活活動

　通常ではあまり気にせず用いている「**運動**」「**スポーツ**」「**身体活動**」という，これらの言葉の定義はいくつかあるが，**エクササイズガイド2006**（厚生労働省，2006）では，身体活動と運動を「身体活動とは，骨格筋の収縮を伴い安静時よりも多くのエネルギー消費を伴う身体の状態である。それは，日常生活における労働，家事，通勤・通学，趣味などの『生活活動』と，体力の維持・向上を目的として計画的・意図的に実施する『運動』の2つに分けられる」と定義した（図2-1）。

　この定義によると**スポーツ**やいわゆる**トレーニング**は運動に含まれる。

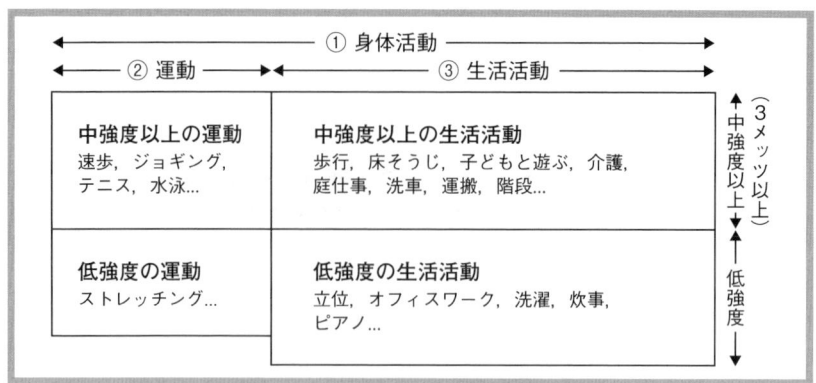

図2-1　身体活動・運動・生活活動

一方，余暇の身体活動はほとんどが生活活動ということになる。では子どもの"運動"習慣というとどのような身体活動を思い浮かべるであろうか。子どもは自分から体力向上や生活習慣病の発症予防を目的に体を動かしていない（身体活動を行っていない）ので，エクササイズガイド2006の定義によると子どもの身体活動は，ほとんど生活活動となる。しかし，「お宅の子どもさんは運動習慣がありますか？」と聞かれたときに，母親がどのようなイメージをもつかは不明である。今後，子どもの運動基準等を定める場合にはこのような定義も重要である。ちなみに，日本体育協会は"アクティブ・チャイルド60 min"で「子どもは，からだを使った遊び，生活活動，体育・スポーツを含めて，毎日，最低60分以上からだを動かしましょう」と1日60分以上の身体活動を勧めている。また，文部科学省は2012年3月に幼児の運動指針を策定している。

2. エクササイズガイド2006

（1）生活習慣病発症予防に必要な身体活動量・運動量

健康な中年期，さらに高齢期を生活の質を高く保って生きるためには，

糖尿病や脳卒中，心疾患等の**生活習慣病**にならないことが必要である。そのために，成人から中高年を対象として糖尿病等の生活習慣病発症予防を目的として策定されたのが，健康づくりのための運動指針（エクササイズガイド2006）である。

運動・身体活動の健康増進効果に関する記述は，紀元前の古代中国，インド，ギリシャまで遡ることができる。しかし，運動・身体活動による生活習慣病予防に関する基礎的研究の歴史は浅く，骨格筋のミトコンドリアが運動トレーニングで増加することが発見されたのは1960年代である。この研究を端緒として，生体の各臓器，特に骨格筋における健康増進に関連の高いたんぱく質（特に酵素として働くたんぱく質）が身体トレーニングにより増加することが生物学的研究により明らかとなった。また，1980年代初頭から提唱されたEvidence-based medicineという考え方から生まれた運動・身体活動と生活習慣病や総死亡率に関する疫学的研究が，この四半世紀に急速に発展し，冠状動脈疾患ばかりでなく，糖尿病などの生活習慣病罹患に対する身体活動・運動の予防効果に関する報告が蓄積されている。このようなエビデンスをもとに国は，2006年に健康づくりのための運動基準2006と健康づくりのための運動指針2006（エクササイズガイド2006）を発表し，国民の身体活動量増加による生活習慣病予防を推進している。

図2-2のように代表的な生活習慣病である糖尿病の相対危険度は身体活動量が増加すると容量依存的に低下する。

図2-3のように週1回の運動習慣でも糖尿病の発症を抑えることができる。さらにやや高い強度のスポーツ活動はより糖尿病の発症を抑える効果があることが示されている。

このような図を見ると，身体活動・運動の生活習慣病発症予防効果は20～25％であり，限定的と感じられる。これが生活習慣病に対する生活習慣改善効果の特性である。つまり，糖尿病等の生活習慣病発症は身体活

動不足のみで発症するのではない。複数の生活習慣により発症する。したがって，生活活動量・運動量増加で2割，**食習慣**の改善で2割，**禁煙**で2

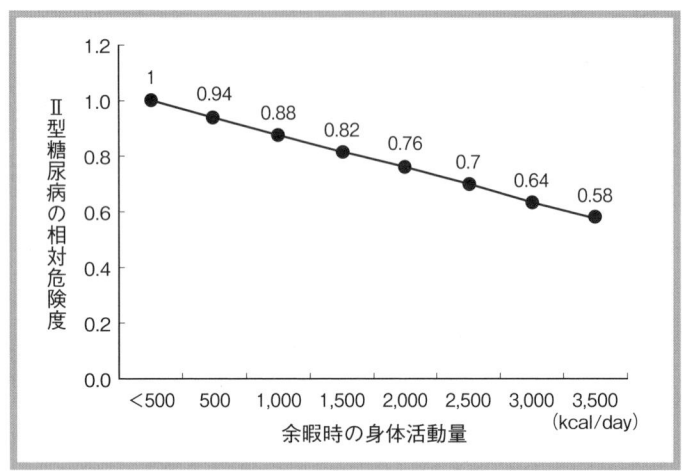

図2-2　余暇における身体活動量とⅡ型糖尿病の相対危険度

(Helmrich SP. *et al.*, 1991)

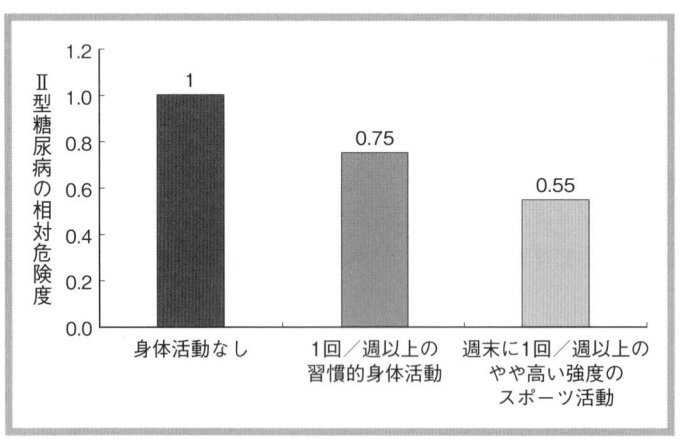

図2-3　身体活動・運動習慣とⅡ型糖尿病の相対危険度

(Okada K. *et al.*, 2000)

割，生活習慣病発症が抑制できることが期待できる。いわゆる良好な生活習慣をもつ人はこれらの3つの生活習慣についても良好であると推測されることから，各生活習慣改善効果は単純に相対危険度の単純な加算値とはならないと考えられるが，この3つの生活習慣の改善によりかなりの数の生活習慣病発症予防ができると推察される。

　これらの研究成果を健康づくりのための運動基準2006でまとめ，それをもとにエクササイズガイド2006では図2-4のように，生活習慣病発症予防には週当たり23エクササイズ以上の活発な身体活動を行い，そのうち4エクササイズ以上は活発な運動を行いましょうということを提唱している。

　エクササイズ（Ex）とは身体活動量・運動量の指標で，運動強度の指標（**メッツ**）に時間をかけたものである。1メッツとは安静時のエネルギー消費量（酸素摂取量）であり，分速70mの普通歩行の酸素摂取量は安静時の3倍であるので3メッツとなる。したがって，6メッツのジョギングを1時間行うと6メッツ×1時間で6メッツ・時，すなわち6エクササイズである。普通歩行（3メッツ）を20分（3分の1時間）行うと3メッツ×

図2-4　エクササイズガイド2006で示された生活習慣病発症予防に必要な身体活動量・運動量

1/3時間で1エクササイズと計算できる．

エクササイズの有用性は，エネルギー換算が簡単なことである．つまり，1エクササイズの身体活動・運動は体重とほぼ同じ量のエネルギー消費量として計算できる．例えば，70kgの人が3エクササイズの運動を行った場合のエネルギー消費量は約210キロカロリーと計算できるのである（計算上は222キロカロリー）．

エクササイズガイド2006のエビデンスは，生活活動でも運動でも生活習慣病の発症予防効果は同じであり，さらに同じ強度で，合計で同じ時間行うのであれば，例えば1時間連続して行う場合と，10分を6回行う場合も効果は同じであることを示している．こまぎれでもよいので，少しでも身体活動量・運動量を増やせば生活習慣病の予防に効果がありますよ，というメッセージである．

エクササイズ量の評価には図2-5のような評価シートを用いる．月曜日は通勤で自宅から最寄り駅への往復で20分（3分の1時間）の普通歩行（3メッツ）で3メッツ×1/3時間で1エクササイズ．仕事場から最寄り駅の往復20分間の歩行で1エクササイズ．合計2エクササイズの生活活動，運動はなし．火曜日も同様．水曜日は通勤での2エクササイズの生活活動に加えて，お昼休みに3メッツのバレーボール（これは競技バレーボールではなく，和気あいあいなレクリエーションバレーボールなので強度は3メッツ）を20分で1エクササイズの運動．したがって水曜日の身体活動量は生活活動2エクササイズ，運動1エクササイズで合計3エクササイズとなる．

日曜日は"犬と散歩"（3メッツ×1/3時間で1エクササイズ），"洗車"（3メッツ×2/3時間で2エクササイズ），合計で3エクササイズの生活活動に加えて，"最近体力の衰えを感じて，体力向上を目的として，トレーニングウエアに着替えて速歩"（この身体活動は目的があるので運動：4メッツ×1/2時間で2エクササイズ）の運動で合計身体活動量は5エクササイズとなる．

この例の場合，運動と身体活動を加えた身体活動量は19エクササイズ

日常生活を工夫することにより身体活動量の目標を設定した具体的な事例を見てみましょう。

●電車通勤をしているサラリーマンAさんの場合

	活動内容					運動	生活活動	合計
月	通勤	通勤				0Ex	2Ex	2Ex
火	通勤	通勤				0Ex	2Ex	2Ex
水	通勤	通勤	バレーボール			1Ex	2Ex	3Ex
木	通勤	通勤				0Ex	2Ex	2Ex
金	通勤	通勤				0Ex	2Ex	2Ex
土	犬と散歩	子どもと遊ぶ	子どもと遊ぶ			0Ex	3Ex	3Ex
日	犬と散歩	洗車	洗車	速歩	速歩	2Ex	3Ex	5Ex
合計						3Ex	16Ex	19Ex

【Aさんの1週間の身体活動】
○運動
　バレーボール(20分)：　　1回1Ex　週1回
　速歩(30分)：　　　　　　1回2Ex　週1回

○生活活動
　通勤の徒歩(往復40分)：　1日2Ex　週5回
　週末の犬の散歩(20分)：　1回1Ex　週2回
　子どもと活発に遊ぶ(30分)：1回2Ex　週1回
　車の洗車(40分)：　　　　1回2Ex　週1回

〔評価＆目標〕
目標の23エクササイズの身体活動には4エクササイズ足りません。また，体力の評価を行ってみると持久力が目標より低いことがわかりました。

図2-5　1週間当たりの身体活動量・運動量の評価シート

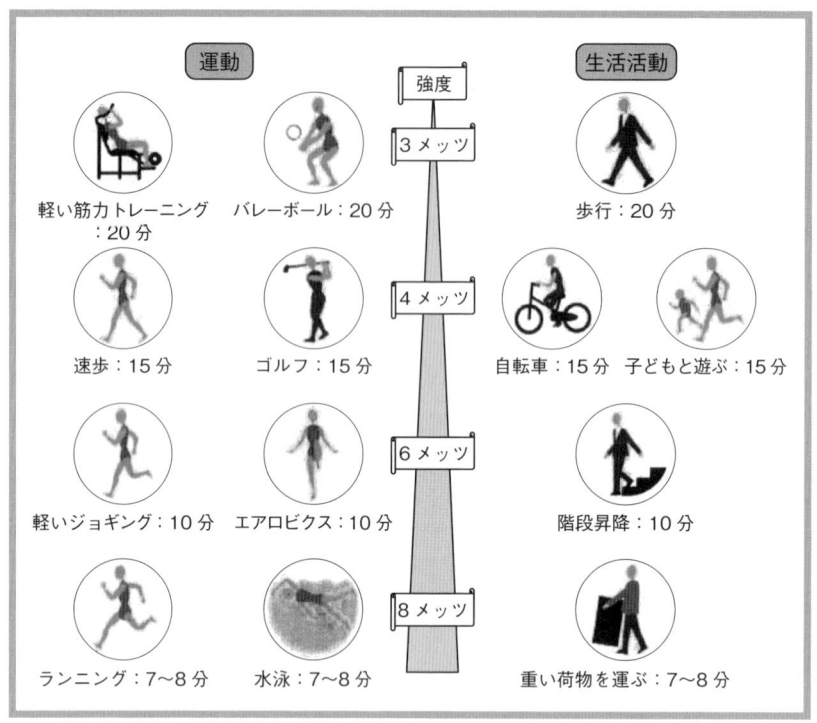

図2-6　1エクササイズに相当する身体活動・運動

で目標の23エクササイズに達していない。また運動も3エクササイズで4エクササイズに達してない。このような場合，週にもう一回，例えば金曜日にお昼休みのバレーボールを追加し，その他の日のお昼休みにも近くの公園などへの往復20分程度の散歩（1エクササイズ）を増やしたり，通勤時に一つ手前の駅でおりて，一駅分歩くとかということを入れていくことにより身体活動：週23エクササイズ，運動：週4エクササイズを達成することができる。

図2-6は，1エクササイズに相当する身体活動量／運動量を示したものである。

従来の"運動指導"は，ジョギングパンツに着替えて走ることや，

図2-7　活発な（3メッツ以上の強度）生活活動の例

フィットネスクラブでの運動が主な指導対象であった。しかしフィットネスクラブに通っているのが日本人の4％という現状を踏まえると、そのような運動ばかりではなかなか身体活動量を増やすことができない。一方、生活活動でも多くの生活習慣病発症の予防効果があることにより、閾の高い"運動"よりも、生活の中で実施可能な生活活動を増やそうというのがエクササイズガイド2006のメッセージである（図2-7）。

（2）メタボリックシンドローム解消のための運動

　メタボリックシンドローム（内臓脂肪症候群）は、2005年4月に日本血栓止血学会、日本高血圧学会、日本動脈硬化学会、日本循環器学会、日本糖尿病学会、日本肥満学会、日本腎臓学会、日本内科学会の8学会が合同して設置した"メタボリックシンドローム診断基準検討委員会"により、その診断基準が定められた。

　その内容は、**内臓脂肪**（腹腔内脂肪）蓄積〔ウエスト周径囲：男性85cm以上、女性90cm以上（これは内臓脂肪面積で100cm^2に相当）〕を必須として、高脂血（高トリグリセライド、150mg/dL以上）かつ／または低HDLコレステロール（40mg/dL未満）、高血圧（収縮期血圧130mmHg以上かつ／または

拡張期血圧85mmHg以上,），高血糖（空腹時血糖値110mg/dL以上）の２つ以上を併せ持つ状態とした。

　メタボリックシンドロームのアウトカムは，心筋梗塞や脳卒中などの心血管および脳血管疾患である。これらの疾病は，脂質異常症，高血圧症，糖尿病などの危険因子が単独での発症に比べて，それらが複数重なると発症率が急増することが特徴である。さらに，メタボリックシンドロームの判定基準の値は，単独の脂質異常症，高血圧症，糖尿病と診断される値ではないにもかかわらず（ちなみに，そのような場合，高脂血，高血圧，高血糖と呼んでいる），それらの値がメタボリックシンドロームの基準であれば，同様に心疾患や脳血管疾患の発症率が増加する。両疾病とも致死性が高く，生存しても発症後のQOLは著しく低くさらに医療費の負担も大きい。したがって，従来の疾病概念である糖尿病などと診断される前に，虚血性心疾患や脳卒中などの予防としてメタボリックシンドロームという概念を用いることができる。

　このような判定基準でメタボリックシンドローム該当者と予備群（腹囲の基準とその他の基準で一つ該当する）を含めると40歳代以上の男性の２人に１人，女性でも５人に１人いることがわかった（厚生労働省，平成16年国民健康・栄養調査）。国民の男性の半分が予備群であるということは，予防というのではなく，メタボリックシンドローム解消の取り組みが今，必要であり，そのための施策が，健康診査後の運動指導・食事指導を中心とした保健指導である。

　このメタボリックシンドロームの中心である内臓脂肪を減らすためには，週当たり10エクササイズ以上の運動が必要である（Ohkawara K. *et al.*, 2007）。この運動量は速歩（分速100m：4メッツ）を週当たり合計2.5時間以上，あるいは，これまでの歩数に加えて毎日3,000歩の歩数増が必要である。

（3）生活習慣病予防と体力との関係

　従来，体力とはスポーツ競技成績との関係から語られることが多かった。しかし，持久性体力の指標である**最大酸素摂取量**（1分間に摂取できる酸素摂取量の最大値：単位L/分）は，最大酸素摂取量が最も低い25％の人の群の糖尿病発症の相対危険度を1とすると，最大酸素摂取量が50％以上の群では有意に糖尿病の相対危険度が約3割低下することが報告されている（Sawada SS. et al., 2003）。また，最も最大酸素摂取量が高い33％の人で構成される群の糖尿病発症の相対危険度を1とすると，最も最大酸素摂取量の低い33％の人で構成される群の相対危険度は2.6となっており（Wei M. et al., 1999），持久性体力が糖尿病発症に大きな影響を与えていることがわかる。体力の差により糖尿病発症率が2.6倍にもなるということである。

　最大酸素摂取量は加齢により低下する。これは，最高心拍数の低下という生物学的加齢と身体活動量の低下（Cao ZB. et al., 2012）という生活習慣の変化が影響を与えている。活発な生活習慣を維持すれば最大酸素摂取量の低下を最低限に抑えることができる。しかし，体力が高い方が糖尿病にならないといっても，その値は，マラソン選手の最大酸素摂取量のようなきわめて高い値ではなく，日本人の平均値程度である。したがって，持久

図2-8　最大酸素摂取量（持久性体力）を高める運動

性体力を維持することによる生活習慣病予防という観点からは，特別なトレーニングを行うということではなく，日常の生活における身体活動量を意識的に増やす程度で十分である．逆にいうと座業の状態をなるべく少なくするということが求められている（図2-8）．

3. 生きる力を維持するための方策

　高齢期において，身体活動量の減少 → 体力の低下 → 身体活動量の減少 → 体力の低下という負のスパイラルに陥り，高齢期の生活の質を落とすことのないよう若年期から中年期にかけて，積極的に身体活動を維持・増加させることが必要である．その場合の身体活動は，前述したように必ずしもトレーニングを含む運動である必要はなく，生活の中の身体活動，すなわち"生活活動"の維持・増加を意識することが"生きる力"を維持するために必要である．

【参考文献】
- 厚生労働省：健康づくりのための運動指針2006（エクササイズガイド2006）．
  http://www.mhlw.go.jp/bunya/kenkou/undou01/pdf/data.pdf
- 日本体育協会監修，竹中晃二編集：アクティブ・チャイルド60min.―子どもの身体活動ガイドライン，サンライフ企画，2011．
- 文部科学省：幼児期運動指針について（通知），2012．
  http://www.mext.go.jp/a_menu/sports/undousisin/1319192.htm
- メタボリックシンドローム診断基準検討委員会．メタボリックシンドロームの定義と診断基準．日本内科学雑誌，2005；94；794-809．

第3章 生活と健康の管理

　人生を大きく分けて考えると，「育てられる時期」，「自立し社会活動をし，次世代を育てる時期」，「社会活動を終え，生きる時期」の3つのライフステージに大別することができるが，人の一生を身体の発育発達段階で区分すると，卵子と精子の受精から始まり，胎児期，乳幼児期，学童期，思春期（以上，育てられる時期），成人期（自立した社会生活をし，次世代を育てる時期），高齢期（社会活動を終え，生きる時期）に分けることができる。これらの各期は連続する時間の経過とともに次へと進んでいく。そのため，各ライフステージにおける生活の仕方や管理，その時期の身体の生理的変化や健康との関係を理解することが肝要となる。

1. 各ライフステージにおける生活と健康の管理

（1）生活の管理

　平均寿命が延伸する中，人の一生におけるライフサイクル（生活周期：加齢に伴い多くの人に共通してみられる周期的推移，すなわち人の誕生から死に至るまでの一定の周期的変化）のそれぞれのライフステージにおいて，生活の場（家庭，職場，地域社会など）に応じた1日24時間の生活時間[1]〔収入労働時間，消費生活時間，生理的生活時間（睡眠・食事・入浴など），家事的生活時間（買い物，掃除，調理，教育，介護など），社会的・文化的生活時間（読書・教養娯楽・ボランティアなど）〕をいかに充実したものにするかを考え計画

し，見直すことが大切である。また，多様化する価値観の中で変化し続ける個々の**ライフサイクル**においては，各**ステージ**の生活の場の役割も変化し続けているが，そこで起こりうるさまざまな状況を想定しながら，日々展開される営み（生活）を自分らしい，QOLの高いものにするべく計画・実行していくこと（生活設計）が心身の健康の維持・向上にもつながるのである。

生活を管理することは，今を充実させて生きていく上で必要なことであるが，それは次のステージにもつながっていくものである。特に健康の管理は，とりわけ次のステージへの影響が大きいため，ここでは，その点を考えてみることにする。

健康とは，身体的，精神的，社会的にも完全に良好な動的状態（well being）であり，病気ではない，虚弱でないということではなく，すべてが満たされた状態にあることをWHO（世界保健機関）憲章の前文に謳っている（1998）。わが国は，平均寿命の伸展とともに少子高齢社会を歩んでいるが，大事なことは，一生のうち，生活に支障なく心身ともに健やかに過ごせる期間，いわゆる「**健康寿命**」をいかに延伸させるかであろう。

人は生体に必要な物質を外界から摂取することにより生命を維持し，それぞれ自身の生活を営んでいる。言い換えれば，人が生きていくためには，"**食べること**"が必要不可欠の事項であり，食べることにより，心身の健康に必要な栄養因子を体内に取り込み利用（消化・吸収・代謝など）し，成長・発達・活動し続けることができる。すなわち，食べることによって，われわれは生理的，身体的，精神的活動を営み，健康を構築している。

健康の基本は，日々の生活における適切な栄養補給（食事），適度な身体活動および適切な休養の確保であるが，一生を通じて生活を管理していく上で基盤となるのが"心身の健康"であり，その基本的事項は"毎日の食事，食べること"にあるといえよう。

(2) 育てられる時期の健康管理

「育てられる時期」は、母親の子宮の中で育つ胎児期、および乳幼児期、学童期、思春期であるが、この時期の特徴は、人の一生で最も身体の発育発達が著しい時期であり、いずれのステージにおいても身体の発育発達に見合った適正量の栄養摂取が健康の要となる。この時期は、子どもを保育する側の細かい理解と対応が必須である。

出生直後の乳児（新生児）の摂食行動は、"乳を吸う"という哺乳反射による乳汁（母乳）の摂取"乳汁栄養"から始まり、乳汁以外のドロドロした形態の流動食、半固形食のいわゆる"離乳食栄養"（生後5,6か月から生後15～18か月頃）へと移行していく。乳児期（授乳期から離乳期）から幼児期の食行動とそれに伴う食機能は、身体の成長に伴い著しい発達を遂げる。乳幼児期の栄養摂取過程は、摂食機能を次第に獲得していく食物摂取能力や消化・吸収機能等の発達だけでなく、運動機能や精神発達、情緒・社会性の発達とも密接にかかわるきわめて重要な要因であり、子どもの心身の健康、"元気"の重要な要として位置づけられよう。

人は、食を通じて多くの体験を学習することによって、規則正しい摂食リズム、**食習慣の確立**、さらには正しい生活リズムの形成等々、基本的な生活習慣を身につけることができるのであり、これらが健康管理の基本となる。

(3) 成人期の健康管理

この時期における健康とのかかわりで注意すべき点は、**生活習慣病**の罹患率の増加である。図3-1の疾病構造の変化（死因で見た死亡率の推移）からもわかるように、医療等の進歩により、結核等の感染症による死亡が減少し、がん等の生活習慣病が増加を示しており、国民の主な死因は感染症から生活習慣病へと変化している。また、図3-2に示すように性・年齢階級別の健康状態を見ると、この時期から肥満、脂質異常症、高血圧症、糖

尿病の罹患者あるいは，これら疾患が疑われる人が顕著に増加している状況である。また，メタボリックシンドローム（内臓脂肪症候群）の状況は，40～74歳で見ると，男性の2人に1人，女性の5人に1人が，メタボリックシンドロームが強く疑われる者または予備群と考えられる者であったことが報告されている。

したがって，この時期は，生活習慣に関連するがんのほか，心疾患，脳血管疾患等々，いわゆる生活習慣病（高血圧症，高血糖，脂質異常症，動脈硬化症，骨粗鬆症など）の発症のリスクを低減するような日常の**生活習慣**（食生活の内容や生活の仕方）の見直しや改善が肝要となる。また，この時期の女性においては，更年期以降の骨量減少に伴う骨粗鬆症発症のリスクも考慮すべきである。

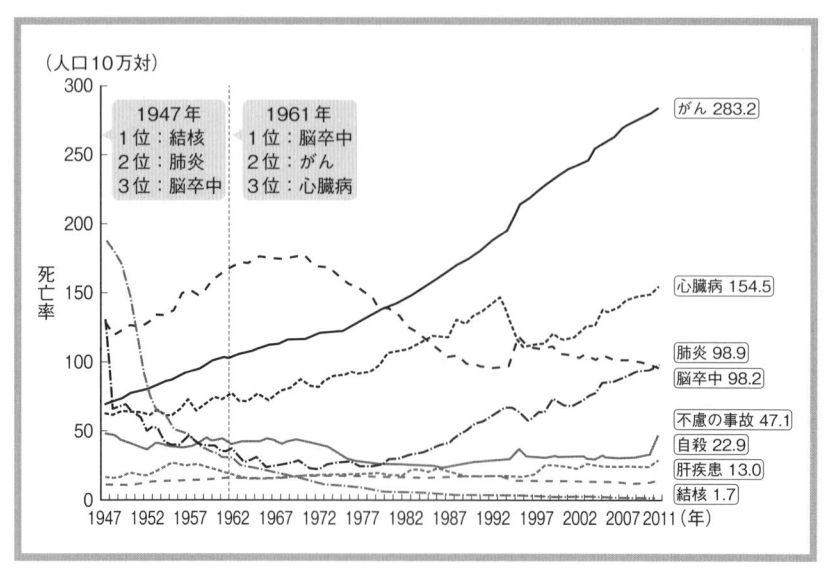

図3-1 疾病構造の変化

（厚生労働省：平成23年人口動態統計（確定数））

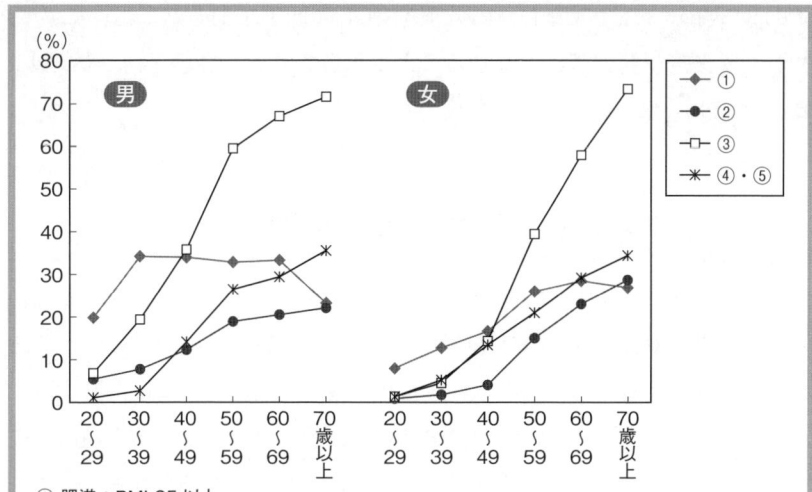

① 肥満：BMI 25 以上
② 脂質異常症が疑われる人：HDL コレステロールが 40mg/dL 未満，もしくはコレステロールを下げる薬を服用している者
③ 高血圧症：収縮期血圧 140mmHg 以上で，かつ拡張期血圧 90mmHg 以上，または血圧を下げる薬を服用している者
④ 糖尿病が強く疑われる人：ヘモグロビン A1c の値が 6.1％以上，または現在糖尿病の治療を受けていると答えた人
⑤ 糖尿病の可能性が否定できない人：ヘモグロビン A1c の値が 5.6％以上，6.1％未満で上記以外の人

図3-2　性・年齢階級別健康状態

(厚生労働省：平成20年国民健康・栄養調査結果)

(4) 高齢期の健康管理

　この時期は，加齢に伴いさまざまな身体機能は低下するが，個々の身体機能，生活活動は個人差が大きいのが特徴であり，個々の健康状態に応じた対応が必要となる。65歳以上を高齢者というが，74歳までを前期高齢者，75歳以上を後期高齢者ともいう。特に後期高齢の時期は，摂食機能にかかわる，**咀嚼機能低下**（歯牙の欠損や義歯の不具合など）や**摂食・嚥下障害**（加齢による嚥下反射機能低下，脳血管障害，パーキンソン病などの神経疾患，認知症などの疾患，向精神薬や抗てんかん薬などの薬剤の影響等）などによる低栄養の発症に注意すべきである。また，転倒・骨折が**ADL**（activity of daily living；日常生活動作）の低下やQOLの低下を引き起こし，このことが，要支援や要介護につながることも危惧される。介護予防（要支援や要介護の予防）に努めることが肝要である。

2. ライフステージをつなぐ健康管理

　人の一生は，連続する時間の経過とともに次のライフステージへと進んでいく。健康の管理も次のライフステージへと影響を及ぼしていくのである。例えば，乳幼児期に形成される脂肪細胞が成人期の肥満に影響すること，学童期から生活習慣病の傾向が見られる者がいること，あるいは，成人期の骨量が高齢期の骨の状態に影響することなどがあげられる。ここでは，骨の成長を通してライフステージをつなぐ健康管理について考えてみる。

　成長期（学童期・思春期）の骨の形成は著しい。この時期は，乳児期に次いで身体的に著しく発育する第二発育急進期であり，同時に，骨格も著しく成長し，**最大骨量**に到達するまでの重要な時期でもある。この時期の骨端は，はじめ軟骨と呼ばれる柔らかい骨でできているが，身体の成長に合わせて上下長径方向（軟骨内骨化）と横方向（膜内骨化）の両方向に発育し，身体を動かすことによって骨の周囲の骨膜表面で活発に骨が造られる。図3-3の年齢による手根骨の化骨化数に示すように，1歳で手根骨の化骨化数がわずか2個であったものが，年齢を重ねるごとに，徐々に石灰化が進み，12歳頃にほぼ全部（化骨化数10個）がそろい，16歳頃に手根骨は完成に近づき，硬くて太い丈夫な骨に成長する。

　したがって，骨が成長する時期には，その材料である毎日の食事を欠食せず，十分量食べること，さらには積極的に身体を動かす習慣（運動習慣）をつけることが大切である。その後，成人期以降，特に女性は閉経期ころから**骨量減少**が顕著となり，**骨粗鬆症**およびそれに伴う**骨折発症のリスク**

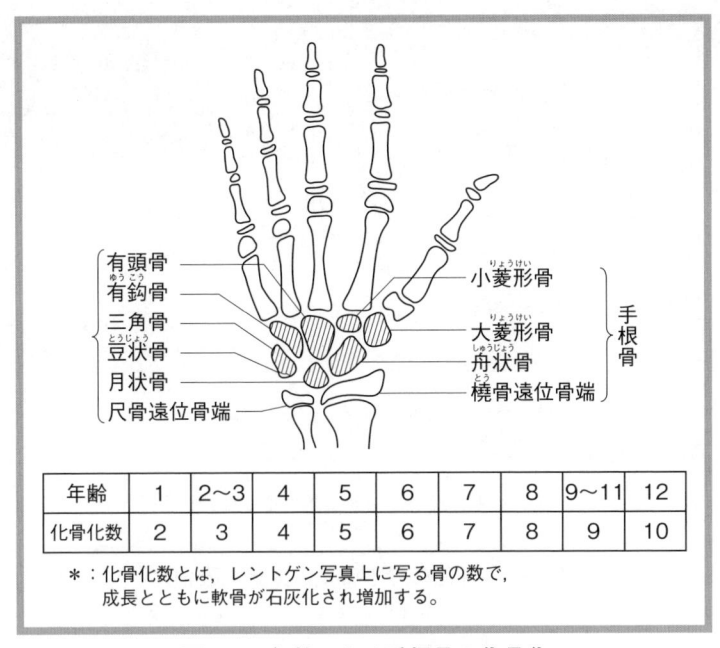

図3-3　年齢による手根骨の化骨化

年齢	1	2～3	4	5	6	7	8	9～11	12
化骨化数	2	3	4	5	6	7	8	9	10

＊：化骨化数とは，レントゲン写真上に写る骨の数で，成長とともに軟骨が石灰化され増加する。

(武藤静子編著：新版 ライフステージの栄養学―理論と実習―，朝倉書店，2003, p.85 を改編)

が高まる。男性でも高齢になれば同様である。

　また，図3-4の加齢に伴う骨量の変化が示すように，骨の健康づくりには，骨の成長期に，いかに，より高い骨量を獲得し太くて丈夫な骨をつくるかが最も重要であり，そのことが，転ばぬ先の杖として，高齢期の豊かな質の高い生活へとつながるのである。成人期（大学生）の骨の状態は，次のライフステージにも深く影響することから，今から**骨の健康**を考えた食生活や生活の仕方を見直すことが肝要となる。

　さらには，各ライフステージにおける骨の健康づくりの目的をしっかり把握することも大切である。すなわち，骨の成長期以降，成人期は最大骨量を維持すること，特に女性は中高年期に骨量減少をいかに日常生活の中で抑制するか，高齢期においては，自身のADLの低下やQOLの低下を防

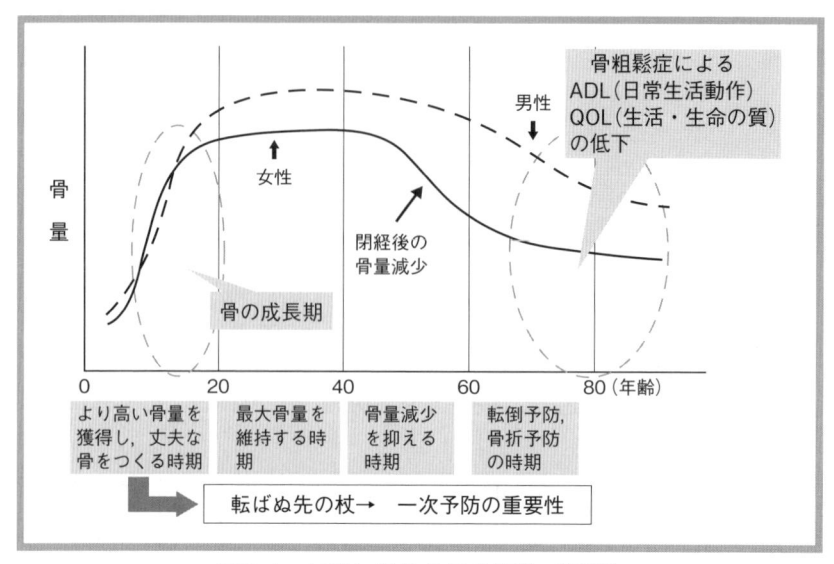

図3-4 加齢に伴う骨量の変化（腰椎）

（塚原典子：生活の管理と健康．学術の動向 2011；11：45）

止し，転倒を予防し，骨折を防ぐことを念頭においた生活の仕方を工夫することが大切である。

ところで，骨の健康づくりに深くかかわる疾患として骨粗鬆症があげられるが，本症は，第3次国民健康づくり運動，いわゆる"健康日本21"において，生活習慣病の一つに位置づけられた。本症のリスクとなる主たるものは，生活習慣（食生活：いわゆる間違った食事制限や欠食・偏食などによるカルシウム・ビタミンD・ビタミンK・たんぱく質などの栄養素不足状態，身体活動：運動不足状態や不動化など，喫煙，飲酒等）にかかわる要因であり，これらのリスクを排除すべく，生活習慣を改善し日々暮らすことによって，一次予防が達成できるのである。すなわち，日々の生活を見直し，骨の健康づくりに努めることは，骨粗鬆症に伴う骨折を予防し，ADLやQOLの維持・向上，さらには健康寿命の延伸を可能にすると考えられる。

3. 生活のリズムと生体リズム

　人の生活は，日々，週または季節などの単位で一定の周期をもって営まれているが，人間の生理活動にも一定の周期があり，これを生体リズムという。生体リズムには**概日リズム**（circadian rhythm），昼夜の1日周期で繰り返される**日周リズム**（diurnal rhythm），週周リズム，月周リズム，季節的リズムなどがある。現代人の多くは生活が夜型で，就寝時間が遅いために，朝は起きるのが遅くなり朝食を食べる時間がなくなっている。このような生活の乱れが生体リズムに影響を及ぼすので，健康を維持し，疾病を予防するためには規則正しい生活を送ることが重要である。そのために，健康は，どのような栄養素をどのくらい摂取するかだけではなく，いつ食べるかも食生活では重要な要素となる。

（1）朝食の役割

　朝食は，1日のエネルギー源であり，脳が働くためにもエネルギーとなるグルコースを得るために必要である。しかし，朝食の役割はそれだけではない。

　脳の大脳時間遺伝子は，約25時間の概日リズムである睡眠覚醒リズムや体温リズムを支配し，肝臓や小腸の時間遺伝子はエネルギー代謝ともかかわっている。食事時間が不規則になることで，この概日リズムは乱れる。そして，25時間の概日リズムを24時間の生活リズム（日周リズム）にリセットするのは朝の光である。

　以上のことより，規則正しい食事の時間は生体リズムをつくり，朝の光は24時間の日周リズムを形成する役割を果たすので，健康な生活は日周リズムとかかわる中枢の脳と，食事リズムとかかわる末梢の肝臓や小腸の時計遺伝子が同調して成り立っている。朝食を欠食すると1日の合計のエネルギー発生量の低下，筋肉減少による体力の低下，脂肪合成の促進が起

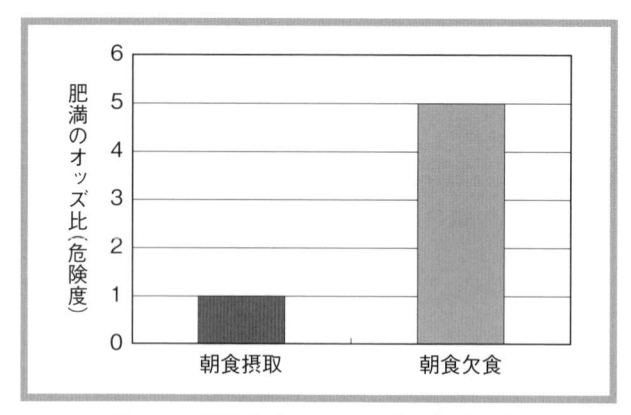

図3-5 朝食欠食による肥満の頻度予想

(Ma Y. *et al.*, 2003)

こり，肥満への危険度はあがるとの報告もされている（図3-5）[2]。

(2) 規則正しい生活

　マウスに特定の遺伝子を入れることでいくら餌があっても一定時間しか食べず，規則正しい生活習慣をもつマウスをつくった結果，このマウスは普通のマウスに比べて長生きし，このマウスの時計遺伝子産物は規則正しく高いレベルを示していたとの研究報告がある[3]。この報告は，規則正しい生活を送る人は長生きするといわれてきていることを裏付けている。

　また，規則正しい生活を送ることで，肝臓は正常な日周リズムを形成し，正常なコレステロール代謝を維持し，動脈硬化症を予防することができる[4]。すなわち，生活の乱れ，生体リズムの乱れは生活習慣病を引き起こすリスクファクターになる。食事回数が少ない人や就寝前に間食をする人は，高コレステロール血症を発生する割合が高いことが報告されている[5]。

　副腎皮質ホルモン分泌の日周リズムは，明暗リズムよりも摂食サイクルの影響を受ける[6]ので，規則正しい食生活は内分泌や代謝にも影響を及

ぼす。

　規則正しい生活，規則正しい摂食サイクルは日周リズムを形成するだけではない。規則正しい摂食サイクルは食べる前に予期行動が出現し，毎日の食事時刻の2～3時間前より活動が高まり，そろそろ食べられるのではないかと身体が察知して消化液の分泌や消化運動の準備をして消化能力を高める。摂食時刻に合わせた摂食サイクルを形成するには，10～14日間の習得期間が必要であるといわれ，一度摂取サイクルを形成すると多少の欠食や摂食時刻にずれが生じても数日間は摂食サイクルを維持することができる。

4. ストレスと健康

　私たちは**ストレス**を感じながら生活を送っている。ストレスは生体の恒常的（ホメオスタシス；homeostasis）な状態が乱れていることで，乱す要因をストレッサーという。ストレッサーには物理的要因（外傷，暑さ，寒さ，外圧など），化学的要因（化学物質，薬剤など），心理的要因（精神的怒り，不安，恐怖など）がある。

　ストレッサーを感じることでその刺激は脳の視床下部に伝わり，交感神経によりノルアドレナリンが分泌し，血圧の上昇がみられたり，副腎髄質からはアドレナリンが分泌し，**免疫機能**が低下する。また，脳下垂体前葉から分泌される副腎皮質刺激ホルモンの作用により副腎皮質からグルココルチコイドが過剰に分泌されると，インスリン抵抗性が高くなり，糖尿病や脂質異常症が引き起こされる。このようにストレッサーは生活習慣病をはじめとする疾病を発症しやすい要因になる。

　ストレスを和らげるには規則正しい生活をし，ビタミンC，たんぱく質，ナトリウム，カリウム，カルシウムなどの栄養素補給が必要である。

老若男女すべての人が元気で活気あふれる社会を築くことは誰もが願うことである。そのためには，一人ひとりが一生の各期のステージを健康に過ごすことが先決であり，一人ひとりが健康に関する**自己管理能力**を身につけ，自分の健康は自分で守る態勢を整えることが大切である。

【引用文献】
1) 佐々井啓監修：家政学概論，共栄出版，2001，p.10.
2) Ma Y., Bertone ER., Stanck EJ 3rd. *et al.* : Association between eating pattern and obesity in a free-living US adult population. *Am J Epidemiol*, 2003; **158**; 85-92.
3) Froy O., Miskin R. : The interrelation among feeding, circadian rhythms and ageing. *Prog Neurobiol*, 2007; **82**(3): 142-150.
4) 柴田重信ほか：時間栄養学，女子栄養大学出版部，2009，p.65.
5) Fabry P., Hejl Z., Fodor J., Braun T., Zvolankova K. : The frequency of meals, Its relation to overweight, hypercholesterolemia, and decreased glucose-tolerance. *Lancet*, 1964; **2**: 614-615.
6) Kato H., Saito M., Suda M. : Effect of starvation on the circadian adrenocortical rhythms in the rats. *Endcrinology*, 1980; **106**(3): 918-920.

第4章 人間の生活と自然環境

　人間の生活は，自然環境とかかわりながら成り立っている。人間の生活は，自然環境の影響を受けるとともに，一方では働きかけることで自然環境にも影響や変化を与えている。かつては，人々は与えられた自然環境と折り合いをつけながら，共生して生活をしてきた。しかし，石炭や石油をはじめとする化石エネルギーを利用し始め，便利な生活を手にしたが，一方では人間の活動が自然環境に影響を与え始めている。当初は，大気や水環境の汚染から始まり，生態系への影響が生じた。現在では，その影響が大規模になり，温暖化に代表されるように地球環境にまでその影響が及びつつある。そのことが，逆に人間生活にも影響を与えつつある。

1. 人々の生活と災害

（1）かつての人々の知恵

　わが国は，地震や洪水などの自然災害が狭い国土で頻繁に発生する。稲作を生活の糧としてきた日本人は，水辺近くの河川がつくった**沖積地**に生活の場をつくりあげてきたが，そのことは台風や梅雨などに起因する**洪水**に常習的に襲われる宿命にある。

　利根川や木曽三川が流れる関東平野や濃尾平野は土地が低く，しばしば洪水に襲われた。人々は輪中堤をつくり，自然堤防上に集落を築き，あるいは人工的に塚を築き，その上に家を建てて洪水の危険から身を守ってき

た。このような家は，関東では**水塚**（みつか）と呼ばれ，食料などを貯蔵し，舟を庇に吊るして洪水に備えた。

このような水と共生する生活をしてきた人々は，雨の音や軒から落ちる雨の水量によって，洪水の危険性を判断した。山間部に住む人々は，沢の水が急に引くと土石流の危険性があること，崖から湧き出る地下水が濁ると地すべりの危険性があることなどを知っており，自ら危険を避ける能力を生活の中から身につけていた。

このような自然と共生する生活の中で，例えば「**里山**」のような生活環境が生まれた。里山は人間がつくりあげた自然環境であり，その中では貴重な生態系もつくられた。里山の環境を利用して生息していたトキの絶滅は，近代化の中で持続性を有する環境が崩壊した結果がもたらした象徴的な出来事であった。

（2）現在の人々の問題点

戦後間もない1947年のカスリーン台風では，現在の大利根町付近で利根川の堤防が決壊し，あふれ出た洪水は江戸時代以前のかつての旧河道に沿って流れ，東京を水浸しにして東京湾まで流れた。カスリーン台風では，約1,100名の人々が死亡した。1953年には，梅雨前線豪雨によって，西日本水害と呼ばれる未曾有の水害が生じ，例えば熊本市では市民の86％にあたる24万人余の人々が被災者となった。

人々に大きな災禍をもたらすこのような洪水を減らすために，政府は堤防やダムの建設など，施設の整備を行ってきた。その結果，洪水の犠牲になる人々の数は激減し，先進諸外国と比較しても安全な国土が形成されている。しかし，人間生活が及ぼした影響によって都市化や地球温暖化が進行しており，近年これまでないような**集中豪雨**が生じ始めている。経済活動が沈滞する中で，治水事業に振り向けることができる予算は限られており，従来のように治水施設のみで洪水を防御することが困難になりつつあ

る。人工物に囲まれて生活し，自然の脅威に対応する能力を急速に失いつつある日本人であるが，これまで培ってきた自然災害に対応して生き抜く生活の知恵としての自助やお互いに助け合う**共助の社会**をつくりあげることがこれまで以上に重要となりつつある[1]。

2. 水質問題と生態系

(1) 水質問題

　人々が本格的に都市生活をはじめた昭和30年代から，河川，湖沼，内湾などの水質が急速に悪化した。昭和40年ごろには，墨田川は汚臭が漂い，かつては飲むことができるほどきれいであった霞ヶ浦は**水質汚染**によってアオコが大量に発生し，社会問題となった。また，東京湾では酸素不足によって青潮が，瀬戸内海では**富栄養化**による赤潮が問題となった。さらに，有機水銀やカドミウムなどの有害物質が排出され，人体そのものにも被害を与えた。これらは，いずれも戦後の経済発展の中で活発化した産業活動や人間生活によって生み出される汚水が処理されず，そのまま環境中に排出されることによって生じた。

　これらの問題に対応するために環境庁（現環境省）が発足し，排出規制が行われるとともに，下水道による処理が普及した。その結果，一部の閉鎖水域を除いて水質は改善され，河川では，多摩川に代表されるようにアユの大量遡上など水質改善が顕著になっている。

(2) 水環境と生態系

　水質環境の悪化とともに，洪水をできるだけ早く海に排出する**治水事業**が昭和30年代から活発に行われ，コンクリートに覆われた「三面張り」河川や自然な蛇行を有していた河川を直線に作り変える工事が進行した。このような治水事業は，人間生活の安全性の向上をもたらしたが，一方で

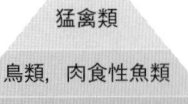

```
          猛禽類
        鳥類，肉食性魚類
      草食性魚類，草食性昆虫
    植物，藻類，プランクトン類      ← 栄養塩，日射（一次生産）
   地形・河床堆積物(砂礫，泥など)    ← ハビタート
```

図4-1　河川における生態系ピラミッド

は，生物の生息環境を改変し，そこに生息する生物に深刻な影響を与えた。1990年代には，人々は生活の中にうるおいを求めはじめ，安全性や利便性と引き換えに失った自然環境の大切さに気づきはじめ，河川環境の復活を求めるようになった。このような意識の変化を背景に**河川法**が改正され，これまで治水や利水一辺倒であった河川事業に環境が目的として加えられるようになった。瀬や淵などを利用して生活する魚類の生息環境を復活するための河川事業が行われるようになり，水質の改善とあいまって効果が出始めている。

　図4-1は，河川が構成している生態系ピラミッドの様子を示している。河川の地形や河床堆積物が，**基本的な生息環境（ハビタート）**を提供し，その上に食物連鎖を中心とする生態系ピラミッドがつくり出される。このような場を創造することも技術者の大切な仕事になっている。写真4-1は，ケレップ水制（堤防から河に向かって突き出た河川構造物）によりできた池状の入り江（ワンド）で，治水施設が新たな生息環境を生み出している例である。

写真4-1　ワンドがもたらす生息環境（木曽川ケレップ水制）

3. エネルギーと温暖化

（1）化石エネルギーの利用がもたらした生活

　かつて，人々の生活はバイオマスエネルギー（木や木炭など）に支えられていた。わが国では，戦後まもなくまでは大多数の人々は，太陽エネルギーを固定する農業や裏山から取ってきた燃料によって生活を維持することにより，**エネルギー循環系**の中で持続性の高い生活を維持してきた。

　18世紀にイギリスで生み出された産業革命が，人類の長い歴史の中で持続してきたこのような生活形態を一変させた。イギリスでは，石炭を利用するエネルギー密度が高い蒸気機関を発明することにより，工業が急速に発展し，瞬く間に世界一の強国になった。かつては豊かであったアジアは伝統的農業を主産業として持続させたために，産業革命を達成した先進国に及ばず，植民地と化したことは歴史が教えるところである。このエネルギー革命は，20世紀に石油が本格的に利用されるようになって，さらに進行した。そのような中で，私たちの生活を振り返ってみると，多くの

人々は昭和30年ごろまでは薪で炊事をしていたが，石油ストーブが現れ，その後は電気炊飯器が出現してスイッチ一つで炊飯ができるようになり，生活はきわめて便利になった。このような変化は主に石油エネルギーの大量利用がもたらしたものである。

(2) 温暖化の進行

このような便利な生活は，一方では思わぬところで困った事態を生じさせつつある。それは，森林の減少や化石燃料の使用による大気中の炭酸ガスの増加で，現在は大気中に約380 ppm存在する。この値は，人類が産業革命を起こした18世紀以前と較べると約100 ppm増加している。炭酸ガスのような温室効果ガスが増えるとなぜ温暖化が起こるのか。地球表面は太陽から放射されてくる日光（短波放射）によって暖められるが，同時に暖められた地表面からは熱が放射される（赤外放射，あるいは長波放射とも呼ばれる）。この短波放射と長波放射の熱バランスによって地球表面の温度が決まっているが，炭酸ガスのような気体は短波放射をよく通すが，長波放射は吸収する性質をもっている。つまり，地球から宇宙へ放出される熱を大気が吸収する。これによって温暖化が生じる。

今から，5000年くらい前の縄文時代は，関東平野では古東京湾と呼ばれる海が，今の埼玉県栗橋あたりまで広がっていた。その頃の気温は現在よりも約2℃高かったと推定されている。古代の温暖化は，地表の活動や地球の運動などによって自然に起きたものであるが，現在起きている温暖化は人間活動によるもので，そのスピードが非常に速いのが特徴である。現在のペースで炭酸ガスを排出し続けると21世紀の中ごろには，大気温は現在よりも約2℃高くなると予想されている。

(3) 温暖化がもたらすもの[2]

都市化や温暖化によって地表面の温度が上昇すると，暖められた大気の

上昇運動が活発になり，その結果豪雨が降りやすくなる。このような変化はすでに統計的に明らかになっていて，豪雨が近年増加している。全国の1,300か所のアメダス地点で観測された1時間50mm以上の**集中豪雨**は，1977〜1986年は年平均200回，1987〜1996年は234回，1997〜2006年は313回に増加している。2004年には最高となる468回を記録した。集中豪雨の増加によって洪水災害が生じやすくなっている。

図4-2は，地球温暖化によって21世紀末に海水面がどの程度上昇するかを予測し，その結果**ゼロメートル地帯**がどの程度増加するかを示したものである。縄文時代ほどではないものの，大阪湾，伊勢湾，東京湾などゼロメートル地帯が広がる平野部では，海水面以下の土地の面積が増加する。このような変化は，河川の洪水や高潮などの気象災害の影響を受けやすくすることを意味する。

わが国は，国土のごく少ない面積部分である沖積平野に，人口の約50％，資産の約75％が集中している。つまり，**地球温暖化**は災害に対する脆弱性をこれまで以上に増加させることになる。このような問題をどの

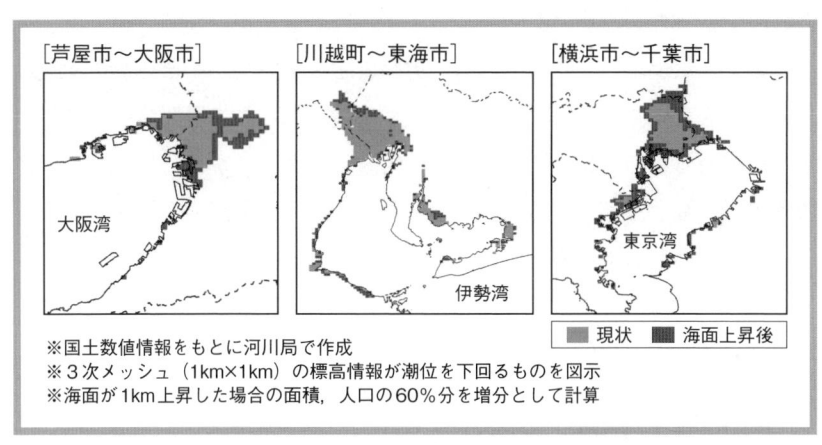

図4-2　海面上昇（59cm）によるゼロメートル地帯の拡大

（国土交通省河川局）

ように解決するかはわが国の大きな課題であり，さまざまな手段によって社会の災害に対する強靭性を増やし，人口減少下にあっては土地利用のありかたを見直す必要もある。

　東南アジアでは経済発展が急速で，その経済活動の中心は大河川下流の低平地である。このような場所では，これまでサイクロンによって多大な犠牲者を出している。過去10年間の世界の**自然災害**の80％はアジアで起きており，例えば，2003年のスマトラ沖地震による津波では約23万人が，2008年のサイクロンによるミャンマー水害では13万人余の犠牲者が出た。地球温暖化は，台風やサイクロンを強大化させることが，地球シミュレータによる計算によって予測されている。海水面上昇とあいまって特に低平地に甚大な被害をもたらすことが予想され，災害との闘いの歴史をもつわが国の知見や技術を生かす支援が求められている。

4. 生活の持続可能性

　私たちは，豊かな社会の構築や利便性を求めて経済発展を進めてきた。その中では，自然環境の改変，エネルギーの大量使用，などが起きた。その結果，水域環境の悪化や生態系の劣化などを招いたが，その影響は地域にとどまらず，拡大・大規模化し，地球環境自体にまで人間活動の影響が出てきている。その結果，逆に人類の持続性に黄信号が灯りはじめた。持続性のある社会を構築するために，私たち自身の生活形態や社会のあり方そのものが問われている。

【参考文献】
1）日本河川協会：自分の命を自分で守るために，2012.
2）国土文化研究所：大災害来襲，丸善，2010.

第5章 生活の中の人間関係

　人間はどの世でも，社会生活を営む限り，必然的にいたるところで人間関係を結ぶ。人類の過去と同じだけ古いこの生存・生活基盤を「人間関係」と呼び，学問の体裁を整え，独立した科学とみなすようになったのはごく最近のことであろう。

　今日，社会の急速な変容に伴い，人間関係の危機が叫ばれており，問題解決のためのさまざまな人間関係改善，変革のための努力もなされてきている。しかし，生活の中の人間関係の問題は多様でしかも輻湊(ふくそう)しているので，人間関係を学ぶ場合，とかく具体的，実用的な内容のレベルで翻弄されて学問としての基盤を見失いがちになる。そこでここでは，人間関係を考える際の基礎的な枠組みを提供することで，私たち自身の人間関係のあり方や，支え合う人間関係の構築などについて考えていきたい。

1. 人間関係のダイナミックス

（1）人間関係の力動的な把握

　まず，関係力動的な人間の把握の仕方である。人間関係について，それを字義通りにとれば，まず個人と個人が存在していて，次に関係が生じるというような一面的かつ**スタティック**（**静態的**）な見方に陥りやすい。人間はそもそも生まれながらに社会的，関係的存在なのである。現代の人間科学においては，人間関係を集団なり社会なりを構成している**ダイナミッ**

ク（**動態的**）なネットワークの一環であるとみる関係優位の，関係から出発する関係動態的な立場をとることが望ましいとされている。

人間関係（human relations）と類似した用語として，**対人関係**（interpersonal relations）がある。人間関係にはいろいろなタイプや種類がある。例えば，親子，きょうだいのような血縁ないし家族関係，隣人同士や地域社会の地縁的関係，さらに学校，職場など社会生活のあらゆる側面に関連して人と人との間にはさまざまな関係をみることができる。対人関係が個人と個人のインフォーマルな結びつきを指す言葉であるのに比べて，人間関係は個人間の関係のみならず個人と集団，集団と集団の関係をも規定するフォーマル，インフォーマルな人と人とのダイナミックな関係を総称するものである。

（2）人間関係の基本的類型

社会の内部には，さまざまな種類の人間関係があり，その分類はいろいろな観点から説明がなされているが，多くは内容的あるいは現象的な側面からである。ここでは，人が，身辺の人間関係をどのように把握しているのかという「**関係把握の仕方**」に基づく類型を次に示す[1]（図5-1）。

① 1者関係型…人間関係を自己関係的に把握する型
② 2者関係型…人間関係を他者関係的に把握する型
③ 3者関係型…人間関係を「間」関係的に把握する型
　他者関係型…人間関係を網状的に把握する型

ここでいう1者，2者とはもちろん現実に参与している人数，あるいは可能なコミュニケーションの通路の数を表すものではない。ある状況においてそこに何人いようと，人が，人間関係をどのように把握しているのかを表しているのである。例えば，教育における授業を例にとってみよう。40人の生徒を対象に教師の一方向的な授業が展開していればそれは1者関係型である。しかし，教師と生徒の対話的な授業が成立していれば2者

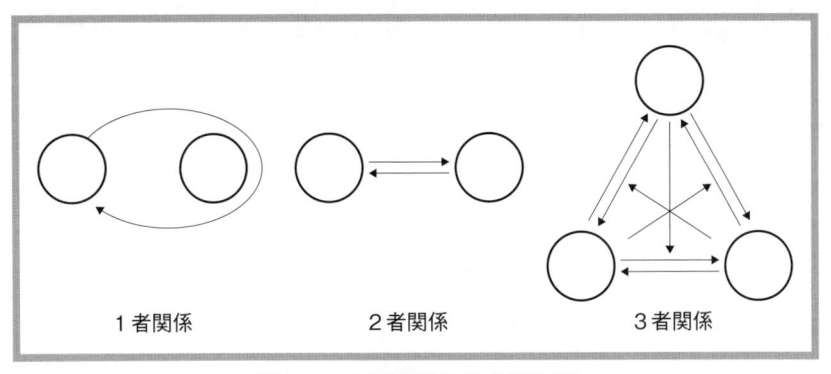

図5-1　人間関係の基本的類型

関係型，そこに小グループの相互交流や教材などを媒介的に活用すれば3者関係型といえるだろう。日常生活には，どの関係把握の仕方も必要な状況がある。しかし，**3者関係型**は，とりわけ人間関係が行き詰まったり，対処が困難な事態に直面したときに，全体状況を見渡し，コミュニケーションの通路を増やして関係の発展を促すのに役立つ重要な関係把握の仕方である。

（3）かかわり方の類型

人間は，「人」ばかりでなく，「自己」や「物」ともかかわり合いながら生活している。

人間関係状況において，「自己」が，「人」や「物」とどのようにかかわるかを考えるとき，とかく「かかわる」「かかわらない」というように二分化したり，あるいはかかわり方が限りなくあるように思われたりもする。しかし，かかわり方については大きく5つに分けることができるとする考え方がある[1]（図5-2）。これに基づいて身辺の人間関係を考えてみると，関係における自己や他者の役割行動を理解したり，関係体験を意識化して分析したりすることも可能になる。次の事例から考えてみよう。

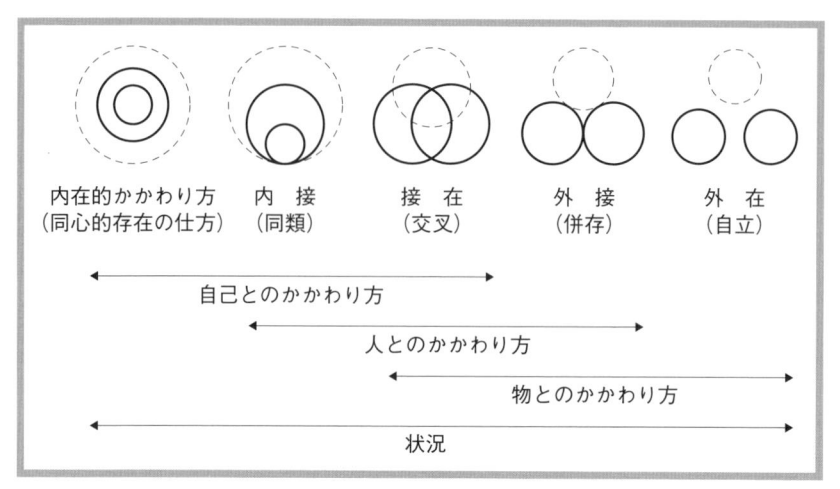

図5-2　かかわり方の5つの類型

（内在的かかわり方（同心的存在の仕方）／内接（同類）／接在（交叉）／外接（併存）／外在（自立）／自己とのかかわり方／人とのかかわり方／物とのかかわり方／状況）

事例1　〈子どもの遊び場面から〉[2]

　幼稚園で数人の子どもたちが「ごっこ遊び」に興じていた。主役は「お母さん役」のA子であったが，突然B子が「私，お母さん役になりたい。あなた死んで（いて）！」と呟き，A子はそれを受けて隅に行きうずくまる。C子はオロオロしてA子に「大丈夫？」と背中をさする。D夫は，離れて「ぼく，子ども役だからどっちがお母さんでもいいや」という。ややあってE子は「もういいんじゃないかなあ」ととりなそうとしたところで先生が休み時間の終わりを告げる。

　これはよくみられる"子どもの遊び風景"であるが，5つのかかわり方を理解する格好の事例である。一人ひとりの子どものかかわり方について，それぞれ5つのかかわり方に対応させて考えると次のようになるだろう。

　遊び慣れた仲間との空想遊びだからこそ切羽つまった思いでどんでん返しともいえる場面転換を図ったB子の，場面へのかかわり方は〈**外在的か**

かわり方〉，B子の思いを受け止めて〈**内在的かかわり方**〉をするA子，C子はA子を気遣って〈**内接的かかわり方**〉，D夫は一歩外側に立って〈**外接的かかわり方**〉，E子はどの子どものあり方も生かそうとする〈**接在的かかわり方**〉といえよう。

　幼い子どもたちが，このように込み入った人間関係に参入し，社会性を発達させている姿に驚きを覚えるが，人は誰でも，生活のさまざまな場面で，巧まずしていずれかの役割を相互に分担して取り合い，社会・集団生活が成り立っているわけである。今，ある人がある場面で取っている役割は"その人らしさ"ともいえるが，しかし，かかわり方がどのような場面でも固定化していると人間関係の危機にも直面することも多い。

　今日，人間関係の危機的な問題への対処法の一つに，社会生活のさまざまな場面に生かせる人間関係のスキルを実践的に身につけることを目的として，ロールプレイングなど役割トレーニングの体験が推奨されるようになってきている。身近な場面を想定し，役割を取り合って，場面に応じて異なるかかわり方の取得も可能な，臨機応変に振る舞える人間関係力を高めていくことに役立つ。

2. 人間関係におけるコミュニケーション

　コミュニケーションは人間関係の成立と持続に密接に関係する。コミュニケーションとは，送り手と受け手の関係の中でさまざまな情報を伝達する過程のことである。社会や集団の内部では，多様なコミュニケーションのチャンネルが組み合わされ，人間関係のネットワークが形成されている。

　ここでは，人間関係がどのようなコミュニケーションから成り立っているのか，「自己」「人」「物」との関係のそれぞれに焦点をあてて概観し，そこでのコミュニケーション力を育む方法などについて，簡単な事例をあげながら述べていこう。

（1）自己とのコミュニケーション

　関係の担い手として自己が主体的であることは大切であるが，自己という主観的プリズムを通してのみ人間関係を把握するのは危険である。日常生活では流されがちな「自分である感じ」を，もう一人の「自分の分身」から見ることでつかみ取り，自己を客観視するような機会をもつことは役に立つ。

事例2　〈自分へのメッセージ〉[3)]

　2人1組になり，1人が自分の大切な物を一つあげて，その「物」から自分を見て語りかける実習を行う。交代をして同様に行う。
例：自分の大切なカップを思い浮かべる。「家を離れてからもう半年だね。今は戸棚の中にポツンと置かれているけれども，この中には小さい頃からの想い出がいっぱい詰まっているよ。これからもいろいろな想い出をこの中に増やしていってね」とカップが自分に語りかけてくれる。

　今は孤独に感じているが，これからの生活を前向きにすすめるよう自分に語りかけている。これは，「物」を通しての現在の私へのメッセージであり，相手がいることで楽しみながらより自己を客観視できる簡単な役割トレーニングである。

（2）人とのコミュニケーション

　人とのコミュニケーションは，伝達される「**言語メッセージ**」だけがメッセージとして利用されるわけではなく，言語以外のメッセージ，「**非言語メッセージ**」といわれる表情，視線，身体動作などもコミュニケーションの要素として大切な役割を果たしている。さらに人と交わる場合，どの程度の距離をとるかという「**対人距離**」もコミュニケーションにおいて重要な要素の一つである。

> **事例3 〈物理的距離と心理的距離〉**
> 　立っている1人（A）のまわりに距離をとって5〜6人のメンバーが位置する。Aは，いま感じていること，経験した出来事など思いついたことを話し始める。まわりのメンバーは，それを耳にしながらそこでの心の動きのままにAに近づいたり距離をとったり自由に動く。

　対人距離の取り方は，個人の特性，文化などの相違によっても違いがあるが，上記の事例のように，役割トレーニングにより，心の動きを身体で表現することによりコミュニケーションの共感性を育てることができる。この実習により，まわりのメンバーにとっては，Aとの関係における「言語メッセージ」あるいは「非言語メッセージ」をどのように受け取るかということと同時に，まわりのメンバーの相互が，自己の心理的空間を保持するために身体緩衝帯としての物理的空間をどのように変化させるかを同時に体験することができる。

（3）物が介在するコミュニケーション

　人は日常的にさまざまな物に働きかけて生存，生活を豊かなものにしているが，ここではコミュニケーションに介在する物について考える。今日，私たちのコミュニケーションの多くは，手紙，電話，テレビ，コンピュータなどさまざまな形態のメディアに働きかけ，それらを介して行われている。松尾太加志[4]はこれを**メディアコミュニケーション**と呼び，その特徴について次の3つをあげている。すなわち，遠いところにいる相手でも（距離の制約の解放），多くの人が相手でも（対象の制約の解放），同じ時間にいなくても（時間の制約の解放）コミュニケーションが可能になったことである。このように制約が解放されたということは，コミュニケーションの形態のみならず，人の暮らし方や人間発達の面でも多様な変化をもたらしてきていることは明らかである。しかし，メディアコミュニケー

ションの利点や問題点について考えなくてはならない課題は多く，今後の研究に期待されるところである。

3. 支え合う人間関係とボランティア活動

(1) 現代社会におけるボランタリズム

　1995年に発生した阪神・淡路大震災は，わが国のボランティアをめぐる状況に大きなインパクトを与え，それまでのボランティアのイメージを大きく変えたといわれている。「ボランティア元年」とまでいわれたこのときのボランティアの活動，さらに未曾有の被害をもたらした2011年の東日本大震災における災害救援ボランティアの活動を通して注目されている現代社会における**ボランタリズム**—ボランティア活動の論理—の特徴について，ここでは2つの視点に触れておきたい。

　一つは，ボランティアを他者との関係性から捉える視点である。旧来，ボランティアは，自発性，無償性，アマチュアリズムなどを特徴とし，ややもすると献身や慈善といった一方向的なイメージとともに理解されてきた。しかし，金子郁容[5]は，ボランティアとは，直接，間接に何らかの困難（人類全体が直面する困難も含めて）に直面していると感じたとき，「その状況を〈他人の問題〉として自分から切り離したものとみなさず，自分も困難をかかえるひとりとしてその人に結びついているという〈かかわり方〉をし，その状況を改善すべく，働きかけ，〈つながり〉をつけようと行動する人」と定義づけている。

　金子は，現代のボランタリズムの特徴として，交通機関や情報通信技術の発達によって，個人が，きわめて広い範囲の人や状況—人種，国籍，性別，境遇などを共有しなくとも—と，「助ける」ことと「助けられる」ことが融合して捉えられるという，支え合う関係の発見をしたり，「助ける」側と「助けられる」側が相互交流をしていると感じられる〈かかわり方〉

のプロセスをもたらすことをあげている。災害救援ボランティアとして参加した人々が、「支援しているつもりが、いつの間にかこちらが癒されたり支援されていた」と述べていることを多く耳にするが、このことに通じることだろう。

現代社会におけるボランタリズムの特徴の二つ目は、他者と支え合う「しくみづくり」の継続という視点である。西山志保[6]は、災害のような緊急救援ボランティアが、非日常時における活動を出発としながらも、それによって再認識した「いのち」や人間存在の大切さを日常時でも意識し、例えば、NPO（not-for-profit organization；民間非営利組織）やNGO（non-governmental organization；非政府組織）などの市民活動団体への組織を展開させ、地域社会の問題に取り組み続けていることに注目している。

（2）ボランティア活動の多様化と支え合う人間関係の構築

ボランティア活動が求められる背景には、個々人の生き方や生活の多様性がより重視される社会への変移につれて、人間関係の希薄さが助長されることが危惧され、多くの人が、情報の渦の中で不安感や焦燥感に包まれていることもあり、「人間性」をより一層求めるようになってきていることがある。このような背景を受けて、実際のボランティア活動のフィールドも内容も多様化してきている（表5-1）。活動の内容や場面も実に千差万別である。このように、今日では、社会における個々の人権や生活のニーズがより尊重され、支え合う人間関係が構築されていく方向で、誰もが気負うことなくボランティア活動に参加できる基盤がつくられていることに着目したい。

表5-1 ボランティア活動の7つの分野と73の活動プログラム

●ともに生きる
1) 子ども・お年寄り・ハンディをもつ人もすべての人が「ともに生きられる社会」づくり
   ☆街の点検，福祉マップづくり
   ☆キャンペーン活動，講演会，研修会
   ☆生活援助，相談
   ☆すべての人が楽しめるスポーツ・レクの開発と普及
2) 子どもからお年寄りまで誰もが気軽に集い，交流できるたまり場づくり
3) 社会福祉施設と地域社会を結ぶ活動
   ☆施設の人たちと地域の人たちが交流するプログラムの企画実施
   ☆施設内活動の住民参加の促進
4) 手話を学び，耳の不自由な人たちとのコミュニケーションの拡大と協力
5) 点字・朗読・拡大写本・さわる絵本を通して目の不自由な人たちとのコミュニケーションの拡大と協力
6) 住民に理解を得るための啓発，集いの企画実施
7) 専門知識を活かした調査・研究や生活・法律相談，自助具の開発，機能回復の協力
8) 一人で外出できない人の外出援助と協力
9) 詩集や絵本，歌を通しての理解促進活動
10) 地域社会のさまざまな課題を解決するための活動
    ☆自主講座・公開講座・学習会の企画実施
    ☆きっかけづくり，体験学習の場づくり
    ☆啓発・広報活動（パンフレットや映画・スライドなどの作成やキャンペーン）
    ☆活動グループ相互の連帯のための連絡会づくり
    ☆課題把握のための調査・広報
11) ハンディをもつ人の働く場づくり，技能修得訓練協力

●たくましい子ども
1) 危険な遊び場をなくすための点検活動，自由で創造的な遊び場づくり
2) 子ども会・サークル活動への協力
   ☆伝承遊び・手づくり遊びの開発・指導
   ☆人形劇・紙芝居・ペーパークラフトの公演や指導
   ☆スポーツ・キャンプ・オリエンテーリングなど野外活動の指導
   ☆レク・ゲーム，歌などの指導
   ☆子ども集団企画・運営への協力
3) 家庭を開放し，家庭文庫・小さな児童館づくり
4) 学童保育所づくり・学童保育への協力
5) 非行予防と友愛活動
6) 里親としての活動
7) 交通遺児，母子・父子家庭への生活援助（保育，料理教室，学習援助など）
8) 学習に対する協力・指導
9) 長期入院児，虚弱児の話し相手，遊び相手

●豊かな老後
1) 独居老人への生活援助活動（身のまわりの世話，給食サービス，入浴介助，代筆など）
2) お年寄りにあった料理メニューの作成・料理教室
3) 老化予防のための機能回復訓練，健康管理相談
4) クラブ活動への協力と合同活動の企画運営（手芸，楽器演奏，書道，絵画，華道，茶道，民謡，スポーツなど）
5) お年寄りの働く場づくり
6) お年寄りの生活体験を聞く会（生活体験・暮らしの知恵の伝承）
7) 老人ホーム内の活動への協力
8) お年寄りが気軽に集えるたまり場づくり
9) お年寄りの生活・意識調査と活用

●いのちを守る
1) 食生活実態調査，食生活改善のための料理・栄養教室
2) 有害食品の点検と追放キャンペーン
3) 合成洗剤の追放と粉石鹸の普及
4) 安全な食品などの生産と消費の拡大
5) 手づくり食品（味噌など）の指導（暮らしの知識の伝承）
6) 薬害被害者・公害患者の救済と機能回復への協力
7) 交通安全指導と危険防止キャンペーン
8) 体力づくりのための活動（スポーツ教室など）
9) 献血への協力
10) 保健・衛生思想の普及，健康教室の企画

実施，健康相談，調査
11）無医地区における健康診断・診療
12）自己の予防と救急法の指導
13）環境衛生活動（下水，ゴミ，カ・ハエ駆除）
14）一人暮らしの人の看護，病人の世話
15）大気汚染・環境破壊の実態調査と防止
16）自然破壊，公害などの調査・学習会の実施
17）自然に親しむ活動（野鳥観察，自然観察）
18）環境美化（植林，花いっぱい，ノーポイ，ゴミ持ち帰りなど）
19）物を大切にし，再利用するリサイクル運動（空きビン，缶，古紙など）

●海外とのかかわり
1）海外の人権問題を考え，救援する活動
2）難民の自活のための協力活動
3）技術・文化を通して，開発途上国の国づくりへの協力
4）開発途上国に医薬品を送る活動（古切手の収集を通して）
5）留学生との交流（家庭生活の体験を通して文化・生活習慣・伝統を伝える）
6）在日朝鮮・韓国人との相互理解
7）日本の伝統文化等を海外に紹介
8）日本と海外のかかわり，課題の調査や学習会の実施
9）語学・技術・知識を活用しての市民レベルの交流
10）海外の情報を翻訳して国内に伝える

●暮らしの文化・レクリエーション
1）地域の文化・歴史を発掘し伝える
　☆文化財保護　　☆郷土芸能の伝承
　☆民話の採集と伝承　　☆風土記づくり
2）体験の発掘と継承
　☆戦争体験の記録と継承
　☆暮らしの知恵・生活様式の収集と継承
3）文化を創り・伝える
　☆地域親子劇場　　☆子ども文庫
　☆よい映画を観る会
　☆記録の編集・発行
　☆暮らしの課題を写真パネル・8ミリ・芝居などでつくる
4）表現方法を学びあう
　☆文章の書き方・レイアウト
　☆8ミリ・スライド・写真・VTRの作り方
　☆芝居・人形劇など
5）趣味や知識をみんなのものに
　☆講座を企画して手記・知識を共有する
　☆手工芸，園芸，絵画，音楽，人形劇，書道，スポーツ，レク，華道，茶道，パッチワーク，英会話，点訳，手話など
6）最低限度の文化的生活の保障
7）誰もが利用できる文化・教育施設づくり，施設の開放
8）すべての人が楽しみ，参加できるスポーツ・レクリエーションプログラムの開発と普及
9）野外活動・ゲーム・スポーツなどの指導

●学びの場・たまり場
1）暮らし・文化，歴史，社会を考え，見つめる学習講座の企画運営
2）誰もが気軽に集い，語り，交流できるたまり場づくり（地域活動拠点づくり）
3）暮らしの知恵の伝承
4）長期入院児への学習指導・援助
5）未就学児・者への就学援助（登校介助，夜間中学公立化，識字学級など学習の場づくり）
6）地域活動に関する情報・資料の収集と共同活用

　ここに挙げた分野・プログラムのほかにも，活動の場面は数多くあります。
　あなたのちょっとした疑問や発見によってボランティア活動の世界は広がります。

（生涯学習ボランティア・マニュアル編集委員会：ゆたかな学びの世界，日本青年奉仕協会，1992）

【引用文献】

1) 松村康平監修：関係学ハンドブック，日本関係学会，1994，p.35，38.
2) ：武藤安子：人間関係の基礎理論．関係「臨床・教育」―気づく・学ぶ・活かす（日本関係学会編）不昧堂書店，2012，p.20.
3) 武藤安子，井上果子編著：子どもの心理臨床―関係性を育む―，建帛社，2005，p.122.
4) 松尾太加志：コミュニケーションの心理学，ナカニシヤ出版，2008，p.71.
5) 金子郁容：ボランティア―もうひとつの情報社会，岩波書店，2011，p.65.
6) 西山志保：ボランティア活動の論理，東信堂，2010，p.5.

【参考文献】

・吉森護編著：人間関係の心理学，北大路書房，2008.

第6章 人の育ちと家族のかかわり

　まず，現代社会における子どもをめぐる諸課題を明らかにした上で，子どもの育ちを支えるさまざまな環境について考えていきたい。それらの環境の中でも，最も，子どもに身近な人的環境である親の役割について論じ，最後に，社会全体で子育て支援に取り組むことの意義を述べる。

1. 子どもを取り巻く現代社会の課題

　近年，科学技術の発展により，人々の生活が著しく変貌を遂げる中で，子どもたちをめぐる問題状況と関連要因も，多様・複雑に変化してきた。子どもの生活に関連する要因として，少子高齢化，核家族化，都市化，女性の社会進出などがあげられる。これらの要因は互いに影響し合っているとも捉えられる。例えば，少子化により，きょうだいやコミュニティでの遊び仲間の数が少なくなり，さらに核家族化により，親族と交流する機会のないことが，子どもの人間関係の希薄化を招いている。都市化による住宅事情が，核家族化を進展させている面もある。そして，子どもたちが群れて遊べるような場所がないことは，子どもたちの孤独化を招き，同時に子どものいる家庭の孤立化へとつながっているといえる。

　そのほかに，子どもの体力・運動能力の低下などの身体・運動面での問題，コミュニケーション能力の低下，意欲や向上心の低下など社会性の発達面での課題があげられる。**不登校・引きこもり**の増加，**いじめ**，**自殺**

等，さまざまな面における深刻な問題状況も見逃すことはできない。図6-1は，不登校児童生徒の増加の傾向を示している。また図6-2をみると，子どもたちの自然体験が減少傾向にあることがわかり，身体性・社会性・感性・創造性という能力を子ども時代に獲得することが難しい現状を反映

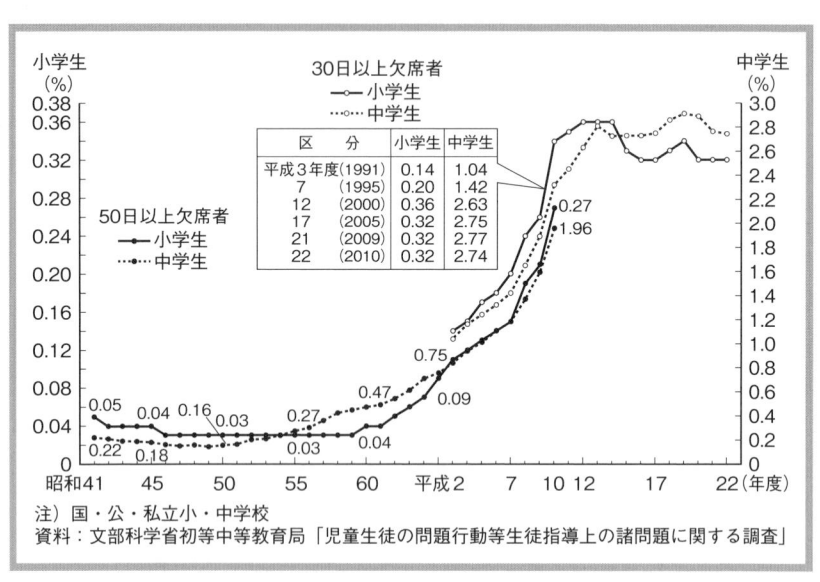

図6-1 登校拒否・不登校児童生徒数の全児童生徒数に占める割合の推移

（日本子ども家庭総合研究所：日本子ども資料年鑑，KTC中央出版，2011，p.354　を改変）

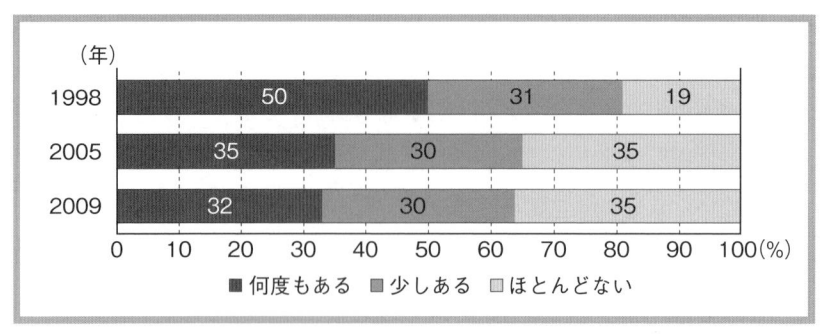

図6-2 チョウやトンボなどの昆虫をつかまえたことがある割合の推移

している。

　一方，情報化時代と言われる現代において，溢れるメディアからの刺激が，子どもたちの生活に多大な影響を与えている。過多なメディア視聴は，子どもたちの情緒や社会性の発達を阻害する可能性がある。イメージ（バーチャル世界）だけが先行し，現実感が希薄なまま大人になってしまうことが指摘されている。

　また，子どもをめぐる深刻な問題として，**子どもの虐待**があげられる。図6-3は，児童相談所における虐待相談対応件数の推移を表したものであるが，これを見ると増加の一途をたどっていることがわかる。

　子どもの貧困問題も緊急課題である。2009年の所得をもとにして，国連児童基金が分析した報告書では，日本の子ども（18歳未満）の貧困率は14.9％で，先進35か国のうち悪いほうから9番目の27位であり，2000年から年を追うごとに，深刻化している。

　以上のように，子どもとその家族・家庭をめぐる課題は山積しているといえる。

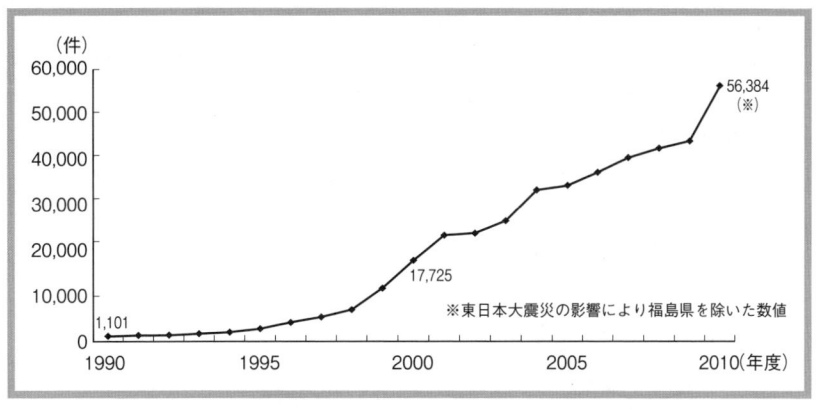

図6-3　児童相談所における虐待相談対応件数の推移
（厚生労働省大臣官房統計情報部：平成23年度社会福祉行政業務報告）

2. 子どもの育ちとさまざまな環境

　人間は，生まれ，育っていく過程において，周囲の環境からさまざまな影響を受ける。そのなかでも，人的環境としての親や家族，保育者とのかかわり方や，生活の場としての家庭での経験は，子どもが健全に育つために重要な意味をもっている。

　そのほかにも，自然環境，物的環境，社会・文化環境など，多様な環境が，人の育ちを支えている。ただし，一人の人間が育っていく過程は，子どもの発達が周囲の環境へも影響を与えるという相互作用の中で進んでいく。ブロンフェンブルナーは，子どもへの直接的な環境だけでなく，それを取り巻く重層的な諸環境も含めた入れ子構造の**生態的な４つの環境システム**を提示し（図6-4），子どもの発達と重層的環境との相互作用を説明している。

　前述の子どもをめぐる深刻な問題状況は，子どもを直接取り巻いている環境としての親，家族，保育者だけでなく，その相互関係や，地域そして社会の重要な課題だと考える。

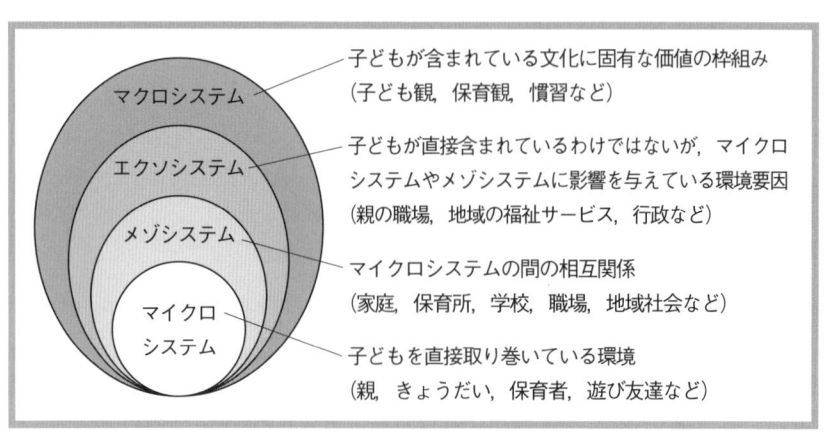

マクロシステム　――　子どもが含まれている文化に固有な価値の枠組み
　　　　　　　　　　（子ども観，保育観，慣習など）

エクソシステム　――　子どもが直接含まれているわけではないが，マイクロ
　　　　　　　　　　システムやメゾシステムに影響を与えている環境要因
　　　　　　　　　　（親の職場，地域の福祉サービス，行政など）

メゾシステム　　――　マイクロシステムの間の相互関係
　　　　　　　　　　（家庭，保育所，学校，職場，地域社会など）

マイクロシステム　――　子どもを直接取り巻いている環境
　　　　　　　　　　（親，きょうだい，保育者，遊び友達など）

図6-4　４つの環境システム

3. 親になるための資質と親の役割

　ここでは，子どもたちへの直接的な影響環境として，まず，**親の役割**について考えてみたい。自分の生命を伝え，次の世代の担い手を育むことを選択することは，同時に親としての責任を引き受けることでもある。子どもを生み・育てるためには，愛情のほかに，時間・エネルギー・忍耐が必要であり，経済的負担がかかる。これらの要素を継続的に子どもにそそぐためには精神的・社会的成熟が要求される。

　親としての責任を果たすための資質は，**親性**・育児性などと呼ばれ，親になる以前から，男女共通に育成すべきものだといえるが，これは，親性準備性と捉えることができる。ただし，以前のように，家族や地域に小さな子どもがいる環境の中で，子どもが育ちあがるプロセスを間接的に学び，生活の中で接し世話をすることにより，身につけてきたさまざまな養育に関する知識・技術を，現在では意識的に学ぶ場を設けることが求められてきている。1989年の学習指導要領から中・高校生の男女共修家庭科が開始され，それ以降，保育学習は，**中・高校生の親になるための教育**の一環として，大きな成果を挙げてきたといえる。表6-2は，2009年に告示された高等学校の新学習指導要領の家庭科「家庭総合」の中の関連の箇所を抜粋したものである。ここには，子どもの発達と生活における親の役割の重要性や地域・社会の役割について認識することが学習内容として明記されている。

　現在社会においては，子育てにおける親役割，すなわち，父親と母親の役割に対する認識も変容してきた。少子化の要因の一つとして，女性への子育て集中化の問題があげられるならば，当然，その打開策に親役割の男女の共同化の推進が提示されることになる。これまで，母性という言葉のもとに，子育ては女性が果たすべき役割とされてきた。しかし，妊娠・出産という母体の健康を守るためには，家族，特に父親の精神的な支えと，

家事分担などの生活面での協力，それらを支援する社会的仕組みが必要である。胎児や母体の健康を守ることは，女性だけではなく，男性や社会全体の責任であるという考え方が母性保護の基本的理念である。母性保護に

表6-1　高等学校家庭総合における家庭と保育の内容

人の一生と家族・家庭
人の一生を生涯発達の視点でとらえ，青年期の生き方を考えさせるとともに，家族・家庭の意義や家族・家庭と社会とのかかわりについて理解させ，男女が協力して家庭を築くことの重要性について認識させる。
・人の一生と青年期の自立………生涯発達の視点で各ライフステージの特徴と課題について理解させ，青年期の課題である自立や男女の平等と協力などについて認識させるとともに，生涯を見通した青年期の生き方について考えさせる。
・家族・家庭と社会………………家庭の機能と家族関係，家族・家庭と法律，家庭生活と福祉などについて理解させ，家族・家庭の意義，家族・家庭と社会とのかかわりについて考えさせるとともに，家族の一員としての役割を果たし男女が協力して家庭を築き生活を営むことの重要性について認識させる。
子どもや高齢者とのかかわりと福祉
子どもの発達と保育，高齢者の生活と福祉などについて理解させるとともに，様々な人々に対する理解を深め，生涯を通して共に支え合って生きることの重要性や家族及び地域や社会の果たす役割について認識させる。
・子どもの発達と保育・福祉……子どもの発達と生活，子どもの福祉などについて理解させ，親の役割と保育の重要性や地域及び社会の果たす役割について認識させるとともに，子どもを生み育てることの意義や子どもとかかわることの重要性について考えさせる。

（文部科学省：高等学校学習指導要領，2009）

関する法律として，労働基準法，母子保健法などがある。1991年には**育児休業法が制定**されている（1995年育児・介護休業法に改正）。しかし，父親の育児休業制度の取得率は低迷したままで，伸び悩んでいる。これは，育児休業中の経済的保障がないこと，社会通念として男性が育児休業を取りにくいことなどの問題が残されているためである。

4. 男女共同の子育てと社会支援

　男女共同の子育てのためには，**ワークライフバランス**が求められる。積極的に子育てにかかわろうという父親の意識は緩やかではあるが高まってきている。父親たちが組織する子育てグループも活動しはじめた。例えば，厚生労働省は「父親のワーク・ライフ・バランス 〜応援します！ 仕事と子育て両立パパ」ハンドブックを2012年1月に刊行している。

　ただし，一方では図6-5が示すように，国際的にみて日本の父親の子育ての関与は，まだまだ低いといえる。この背景には，わが国が，今直面し

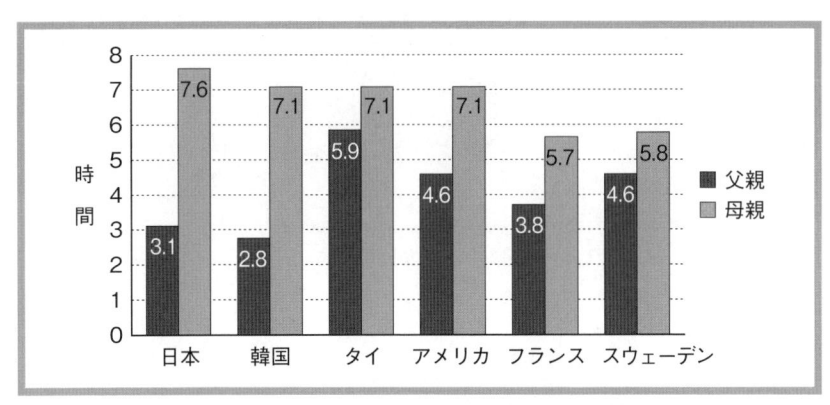

図6-5　子どもに接する時間の各国比較

（国立女性教育会館：平成16年度・17年度家庭教育に関する国際比較調査報告書）

ている経済的苦境が，低賃金で長時間働く層を厚くしているという現実がある。

　生活の質を高める働き方の実現として，仕事だけでなく，家庭や地域などでさまざまな活動に参加したり，人的ネットワークを広げたりする時間的余裕がもてる社会の実現を図ることが必要である。そのために，恒常的な長時間労働を是正する必要があるが，単に労働時間を短くするというような見直しではなく，仕事の進め方や時間管理の効率化を進めるとともに，短時間勤務，フレックスタイム制，在宅勤務，多目的な長期休業等の多様な就業時間・就業場所を選択することができる柔軟な就業環境を実現する必要がある。

　また，ライフステージに即して働き方を選択できる環境の実現も必要であろう。長い人生の中で，仕事に力を注ぐ時期，家事や子育てに力を注ぐ時期，学習に力を注ぐ時期など，それぞれが**多様なライフプラン**を実現できる社会を目指すことが大切である。

【参考文献】
・Bronfenbrenner,U.：The ecology of human development：Experiments by nature and design. Cambridge, MA., Harvard University Press, 1979.
・ユニセフ：Measuring chilld poverty, 2012.
　http://www.unicef-irc.org/publications/pdf/rc10_eng.pdf
・厚生労働省：「父親のワーク・ライフ・バランス　～応援します！　仕事と子育て両立パパ」ハンドブック，2012.
　http://www.mhlw.go.jp/bunya/koyoukintou/pamphlet/09.html
・伊藤葉子：中・高校生の親性準備性の発達と保育体験学習の教育的効果，風間書房，2006，p.25～29.
・牧野カツコ，渡辺秀樹，船橋惠子，中野洋恵：国際比較にみる世界の家族と子育て，ミネルヴァ書房，2010，p.44-51.

第7章 社会人になること

　大学を卒業するとそれまでの育ちの時期から社会を支える時期へと入っていき，社会の中の一員として働き賃金を得て暮らす生活を始める。昨今，大学を卒業するほとんどの人は，民間企業（いわゆる会社）や国や地方自治体の公務員として就職し，仕事をして賃金（給料）を得て生活している。

　そこで，特に多くの人が就職をしている会社に着目して，会社の仕組みや経済活動，そこから派生する経済現象等を通じて社会人になることについて考えてみたい。

1. 資本主義経済の成り立ち

　そもそも，人類の歴史を遡っていけば，人類が生きていく上で必要な食べ物や品物は，自分で採取したり作ったりして生活を営んでいた。そして次第に，いろいろなことの得意な人や長けている人たちとの分業が始まり，さらに，お金という媒体が現れ，分業の規模が大幅に拡大していった。効率的に良い物を提供できる人には，お金が多く集まった。その人たちは，そのお金で，採取や製造のための道具や場所を手に入れ，多くの物を安く作れるようになり，お金がいっそう集まるようになった。そしてこのお金で人々を雇い，賃金の対価として労働力を提供してもらう形ができあがった。ここに**資本家**と**労働者**が登場した。現在，日本や欧米の多くの

国は，**資本主義経済**のもとで成り立っているといわれている。企業への投資家（株主）のことを資本家と呼び，この企業で働く取締役・監査役・使用人・従業員を労働者と呼び，収益から労働者の賃金を差し引いたものを，労働の余剰価値と考えると，株式会社制度とは，資本主義を，法律を使って実際の形にしたものと考えられる。

2. 企業とは

　企業とは，顧客の望む（あるいは必要とする）物やサービスを提供して顧客からその対価を得ることを目的とした団体である。例えば，自動車会社は，自動車を提供して，自動車の販売代金を対価として得ている。家電メーカーは，電気製品を提供して，その代金を得ている。では，携帯電話通信業者は，何を提供して何を対価として得ているのであろうか。答えは，携帯電話で他人と通信できるというサービスを顧客に提供して，通信通話料という形で対価を得ている。それでは，**銀行**は，何を提供して，何を対価として得ているのであろうか。お金を提供しているのだろうか。お金は，銀行のものだろうか。答えは，お金を貸すというサービスを提供して，金利という対価を顧客から得ているのである。いろいろな企業の提供している物（サービス）は何か。そして何を対価として得ているのか，を考えてみると，それぞれの企業の本質が理解できる。

　企業は，その業種によって大きく3つに分類される。物を作って製造販売する**製造業**，物を仕入れて販売する**小売卸売業**，サービスを提供する**サービス業**である。製造業は，原材料を購入し，工場で製品を製造して，顧客に販売し利益を得る経済活動（ビジネスモデル）が本業である。小売卸売業は，商品を仕入れ，それに必要な利益を上乗せし，顧客に販売する活動が本業であり，工場での製造の工程がない。サービス業は，サービスに要した原価に，必要な利益を乗せて提供する活動が本業で，商品を仕入

れる部分がない。

　では，会社が提供する物やサービスの対価はどうやって決まるのであろうか。製造業であれば，製品の原材料費，工場で働く労働者の人件費（労務費），工場でかかった電気代，機械のメンテナンス費用，および機械の燃料費等で構成される製造原価と，販売事務にかかる本社経費，そしてそれに利益を上乗せして，**希望販売価格**を決める。しかしながら，実際には，顧客における必要度，欲求度，さらには競争相手の有無などで，最終的に顧客が払う販売価格は決まる。まさに市場経済の論理で決まるため，時には実際のコストよりも販売価格が低くなることもある。現在のように，競争の厳しいデフレ時代には，たとえ画期的な新製品でも，販売当初の値段を長く維持することは至難の業である。1つの製品で，ある程度の期間，利益を維持することは不可能である。企業が永く生き残っていくためには，常に顧客のニーズ，動向，業界と消費者の趨勢を適切に予測し，この予測をもとに新しい商品を開発し続けなければならない。この顧客のニーズを捉え，さらには，新しいニーズを創造していくのが，**マーケティング**である。なお，このマーケティングという考え方は，民間企業だけでなく国家公務員，地方公務員等の非営利団体が担う国民，市民へのサービス内容にも，今や欠かせない考え方となっている。

3．企業の経済活動に必要な資金の調達

　企業が経済活動を進めていく上で，企業間の取引（原材料の購入，商品の仕入れ，部品の納入，サービスの提供等）は不可欠であり，実際に，企業の経済活動の中で，この企業間取引がかなり多くを占めている。通常，企業間の商品やサービスのやり取りでは，現金決済はされず，一定期間後に，購入者が仕入れ先に支払うという信用決済がなされている。さらに，企業は，会社を運営していくために，定期的に，福利厚生費を含む人件費，事

務所経費，工場設備維持費等の支払いを必要とする。この支払時期は，顧客からの代金受領時期と必ずしも一致せず，このずれを埋める資金が必要となる。これが企業のいわゆる**運転資金**と呼ばれるものである。この運転資金を確実に確保することが，会社を経営する上で非常に重要で，確保できなければ倒産という事態に陥る。

　一般的に，会社を創業するときには，まず創業者が，自分の所持しているお金を元手に資金手当てを行う。そして，手元資金が不足する際は，知人や事業の理解者を募り資金の提供を受ける。その際，創業者は，この事業が成功して利益が出れば，**配当**という形で出資分に見合った利益を配分することを，出資者（株主）に約束する。これが，まさに株式会社のスタートである。

　会社の事業規模が大きくなり，収益性も上がってきた段階で，さらに大きな資金を得るために，創業者は，いわゆる**株式上場**という形で，一般投資家を募る。その際，創業時より資金を出してくれていた出資者は，当初から保持していた株を，上場時の株価で売却し，出資金を回収することになる。一般的には，会社の業績が良くなっている時点でもあり，当然高い株価で，株が売られるので，出資者は大きな利益を得ることとなる。これが**キャピタルゲイン**である。ただし，逆に，会社が思うように伸びず倒産に至れば，出資金は，もちろん水泡に帰してしまう。このことは，上場後に株を購入した一般株主も，会社が伸びずに倒産すれば同じである。株の購入を含めた投資はこうしたリスクがあるので，当該企業の事業性，将来性，経営陣の能力等を十分に精査して，実施すべきものである。

　企業は，経済活動を続ける上で，収益の拡大を図るためには，工場の拡張，製造設備の増強，社員の増員，事務所の拡張などが必要となり，当然，必要資金も増大してくる。この資金手当てには，投資家による出資を仰ぐ方法と，金融機関よりの**借入れ**で対応する方法がある。金融機関よりの借入れは，投資金と違って，必ず約束した期日までに返済することが絶

対条件であり，一般的には支払い保証として担保が要求される。そして，借入金に対する金利の支払いが必要である。一方，銀行をはじめとする金融機関では，一般預金者より預かったお金を融資するわけで，この融資が，**貸し倒れ**（回収不能）になることは許されない。したがって，融資実行に当たって，金融機関は，融資先の事業内容，財務内容，経営者の資質等を厳しく精査し，企業への貸し倒れリスクを判定する。そして，当該融資案件の事業性，安全性を審査の上，融資の可否，その融資金額，融資期間，金利を決定する。なお，銀行自体の健全性を保つために，銀行は，銀行がもつ全リスク総額に対し，決まった比率以上の自己資本をもつ縛りが課せられている（大手銀行に対するBIS規制[注1]等）。昨今のように，全世界的に景気の見通しがきわめて不透明な状況では，企業への融資承諾も決して簡単ではない。

　企業への融資，投資，信用取引を行う際に，当該企業の企業活動の状況を確認する上で最も重要な書類が**決算書**である。決算書は，統一された会計ルールに従って作成された，貸借対照表（balance sheet；B/S），損益計算書（profit loss statement；P/L），キャッシュフロー計算書（cash flow statements；C/S）からなっており，当該企業が，対外的に会社の経済状態を開示する目的で作成したものである。貸借対照表は，企業がどのくらいの財産をもっており，そのために外部からどの位資金を調達したかを示している。損益計算書は，企業が一定期間にどのようにして利益を上げたかを示し，キャッシュフロー計算書は，企業への現金の流入と流出を示している。

4．企業の組織

　企業において，決算書類のとりまとめや，日々のお金の動きをフォローしているのが，一般的には経理部で，銀行等への借入れや，社債の発行お

よび手元余剰資金の運用等を，担当しているのは財務部である．また，取引先の信用度等をチェックし，取引の是非を諮問するのは審査部である．会社全体の経営計画を立案したり，会社の大きな方向性を起案したりするのは，企画部あるいは経営企画部である．社員の採用・処遇・研修・人事厚生，さらには，OBの年金問題などまで対応するのが人事部で，会社の事務所・什器備品・環境，その他株主対応等を担当するのが総務部，地域情報収集や地域戦略立案を担当する業務部，その他業務上の法律問題を担当する法務部，社内外向けの広報活動を行う広報部などがある．製造業であれば，これらに加え，原材料等を調達する資材部，工場での製造を担当する製造部，設計を担当する技術部，工場の機械設備の維持をする工務部などがある．そして一般的にはどの業種でも販売営業を担当する営業部といった名称の部署がある．図7-1には会社組織の一例を示した．

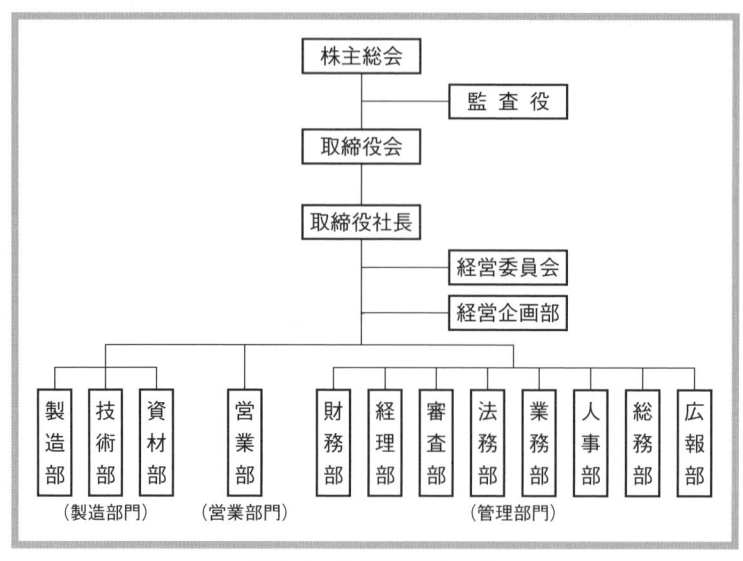

図7-1　会社組織の一例

5. 企業の国際化（グローバル化）

　日本の企業の海外とのかかわり（貿易）の形は，幾多の変遷を経てきた。明治維新以降，欧米の近代技術をベースとした船舶，鉄道，電力設備，機械類が輸入されるとともに，石油，繊維産業の材料となる麻などの燃料や原材料が輸入されていた。太平洋戦争以降，日本の製造技術の水準が上がるにつれて，欧米諸国への繊維製品・カメラ・電気製品・船・自動車の輸出が次第に拡大し，併せてアジア・中南米・中東諸国への国の制度金融などと抱き合わせた，大型発電プラントや石油化学プラントが輸出されるようになった。資源をもたない**貿易立国**日本の本格的スタートである。しかし，その間に，1ドル360円の為替レートは，いくつかの段階を経て，1ドル90円台のレベルとなり，日本で製造し海外へ輸出するというビジネスモデルが容易に成り立たなくなった。1990年代に入り，安い人件費を享受できる東南アジアへ部品製造部門を移転，海外で製造した部品を日本に輸入して，完成品を日本で組み立てる企業が増加した。製品全体の競争力をつけ，欧米へ輸出するビジネスモデルができあがった。

　さらに，日本では，**バブル崩壊**後，日本経済がデフレ経済に陥り，国内での価格競争も激化し，家電製品・カメラ・衣料などは，中国・東南アジア諸国で，完成品に仕上げてから輸入し，日本の消費者に売ることが当たり前になった。このオペレーションで，中国・タイ・シンガポール・マレーシア・インドネシア・インドでは，国民の所得が大きく伸び，いわゆる中間所得層が増大し，これらの国々も一躍消費大国へと変身していった。一方，日本は，経済がほぼ飽和状態になり，国内消費も伸びない状況に陥ってしまった。中国をはじめとするこれらの国々の位置づけは製品の製造基地から，最終消費地へと変わった。2011年の年間車販売台数で，中国が世界1位となったことは，まさにその象徴的結果である。さらに，日本では70円台に突入する円高状態もあり，当該国で通用するより低廉

な価格レベルを達成するためには，製造の主体自体を中国，東南アジアに移さざるを得ない状況となっている。

　この動きは，何も製造業だけでなく，小売卸売業，さらにはサービス業にも及んでおり，コンビニや外食産業の海外展開，ファッション会社の香港上場など，日常茶飯事の状況である。しかも今まで技術水準的には若干劣ると思われていた韓国や中国製品も，日本のそれと肉薄，物によっては，それ以上というものまで現れており，円高傾向の中で，日本の状況は，さらに厳しさを増している。昨今の日本のスマートフォンブームの中で，販売台数の上位機種が韓国製で占められているのは，象徴的な現象である。

　企業の拡大策として，海外企業の買収や，海外事業への参入なども行われている。日本の企業は，海で囲まれた日本という島の中だけでは全く立ち行かない状況といえる。多くの日本企業が，直接的間接的に，それぞれの進出先で，多くの外国人を雇用しており，日本の職場でも，多くの外国人が日本人と机を並べて働いている。逆に，近い将来，日本人も職場を求めて，海外に出ていかざるを得ない事態が訪れると思われる。日本は，好むと好まざるとにかかわらず，グローバル化の渦の中に，飲み込まれている状況である。今まで，少なくとも日本語でコミュニケートできていた日本の職場でも，遅かれ早かれ，世界のビジネス公用語となっている英語でのそれが，不可欠になると思われる。日本の慣習，すべてを言わなくとも通じるとか，行間を汲み取るというようなことは，全く期待できなくなるのではないだろううか。

6. 企業活動と経済との関係

　ここでは経済が，どのように企業の活動に影響するのか，逆に，企業の活動が，どのように経済に影響するのかを考える。まず，企業の重要な資

金手当ての手段である借入れの金利が上昇すると，それは，即，企業の借入金コストの増加となり，企業業績は悪化することになる。また，日銀が国に流通する通貨量を，物価の動向を睨みつつコントロールしているが，通貨量を引き締めると，銀行の融資等が難しくなる。その結果，新規の大型投資計画が縮小されるか，延期されることに結びつき，景気後退へとつながっていく。

　逆に，金利の低下や通貨流通量規制の緩和は，企業の活動を活発化させ，景気も良い方向へとつながっていくのが一般的である。さらに，企業に課せられている種々の税金の軽減は，その分企業が，新しい投資に振り向けることや，海外企業との価格競争で，競争力が増加するため，企業の業績向上に結びつくことになる。企業業績が上向けば，従業員の給料も上がり，雇用も増加する。株価も上がれば，株式投資も盛んになり，消費も活発になり，国の景気も上向く循環になる。ただし，昨今の企業活動は，世界的規模で市場と連携しており，必ずしも，そう結びつかないのが実情である。例えば，2012年のギリシャやスペインから端を発している欧州の経済不安は，そこを最重要市場の一つとしている中国の経済を，徐々に減速させている。このことは，中国を市場としている，日本企業の経済活動にも不安要素を与え，思い切って投資に踏み切れないという負の連鎖も存在する。また，最近の日本の主要企業の中には，**リーマンショック以降**，有事の備えとして，内部留保金をできる限り厚くし，銀行からお金を借りない無借金経営方針をとっているところが多い。そのため，金利低下や通貨流通規制の緩和が，即，積極投資や人員増大，そして，景気浮揚とは，つながりにくくなっているのも実情である。

　日本円の為替レートの変動も当然のことながら，企業の活動に大きく影響することは前述した。円高でもメリットがないわけではない。一つは，輸入に大きく依存している石油・天然ガス・石炭・鉄鉱石の値段が円貨ベースでは下がるので，企業の採算面ではある程度貢献している。原子力

問題で，大きく火力発電にシフトし，石油・天然ガスを大量に輸入せざるを得なくなっている。この円高がなければ，電力代金のさらなる大幅上昇を余儀なくされているといえる。また，多くの企業が海外で活動するとなると，日本企業としては，海外での収益を日本円ベースで日本に引いてくる必要がある。その額も半端でなく，日本への送金が為替に与える影響も無視できない状況である。最後に，企業の活動に大きく影響を及ぼすのが，国と国との間で交わされる**自由貿易協定（FTA）**[注2]交渉である。2012年に，最も注目を浴びているものがTPP[注3]交渉もその一つである。グローバル展開で事業を展開している日本企業にとっては，直接的に製品の競争力に影響を及ぼすだけにその成り行きは，重要である。

7. 企業が求める人材

　企業が存続し続けるためには前述したように，その業界・消費者の趨勢を捉え，新しいものを開発し続けなければならない。そのためには，顧客と直接接点をもち，さらに顧客のニーズを適切に把握する部隊の重要性が急速に増大している。その人間が軸となって，客先，取引先（顧客）のニーズに合った商品を開発する必要がある。将来を睨んでの開発作業は，一部局ではとても対応できず，社内の全く専門の異なる他部門や場合によっては，他社の人間との共同作業も重要になってくる。

　企業の存続をかける，この重要な役割を担う社員としては，顧客のニーズが適切につかめて，それに対し適切な提案ができること，社内・社外・国内・国外の広範な人々との"コミュニケーション能力"を有すること，新しいことに挑戦し粘り強く答えが出るまでやり遂げられること，指示を待つのでなく，自分で課題を見つけて動けること，グループワークが巧みにできることなどが求められている。これらの資質を見るために多くの企業の採用試験では，かなり早い段階で，応募者を適宜グループ分けし，グ

ループ討議をさせている。企業側では，各人がどのように自分の意見を表明しつつ，他人の意見も組み入れて，一つの結論を導いていくかを観察している。多くの応募者は，ここで篩(ふるい)にかけられている。

　以上，企業を中心に解説してきたが，前述した企業が求める能力は，国家公務員・地方公務員として働く場合にも共通した点が多い。

　なお，このグローバル時代では，コミュニケーション能力として，英語（話す，聞く，書く）能力とパソコン（Word，Excel，PowerPointやインターネット）の操作能力が入ることは言うまでもないことである。

注1) BIS規制：国際業務を行う銀行の自己資本比率に係る国際統一基準
　　国際決済銀行（Bank for International Settlement）に事務局をおく「バーゼル委員会」で1988年に「バーゼル合意（BIS規制）」を公表した。その後，2004年に「バーゼル2（新BIS規制）」を公表，そして，2010年には，「バーゼル3」を新たに公表し，国際的に業務を展開している銀行の自己資本の質と量の見直しを図った。なお，BIS規制は日本の言い方で，英語ではBasel Capital Accordsと呼ばれる。

注2) FTA：(Free Trade Agreement) 自由貿易協定
　　自由貿易地域の結成を目的とした，2国間以上の国際協定。

注3) TPP：(Trans-Pacific Partnershipまたは，Trans-Pacific Strategic Economic Partnership Agreement) 環太平洋戦略的経済連携協定
　　環太平洋地域の国々による多角的な経済連携協定（EPA）。
　　原協定：シンガポール，ブルネイ，チリ，ニュージーランド国間。
　　拡大交渉中：アメリカ，オーストラリア，マレーシア，ベトナム，ペルーが加盟交渉中。日本は，2012年に参加意向を表明した。

【参考文献】
・岩井克人：資本主義の中で生きるということ，学術の動向，2011；11；15-22.
・酒井光男：コトラーを読む（日経文庫），日本経済新聞出版社，2011.
・各社ホームページ：IR（投資家情報），財務情報.
・各社ホームページ：会社情報，組織体制.
・財務省ホームページ：貿易統計.

第8章 家計からみた現代の暮らし

　現代の若者が生きていく社会は，親世代のモデル（生き方）が通用しない社会であるといってもよい。暮らしを取り巻く社会的・経済的環境の変化は，これまでの右肩上がりの社会とは異なるリスクとその対応が求められることになる。そこで，まず，日々の生活の単位が大きく変わっている現実に向き合い，男女それぞれの収入を概観する。次に，職業生活や結婚および結婚生活の継続にかかわる経済的リスクの実態を把握するとともに，片稼ぎと共稼ぎの家計の違いをみる。高齢期の収入格差が男女それぞれの就労経歴とどのようにつながっているのかも重要な情報である。これらを踏まえ，自分らしい人生をデザインするには何が必要か，考えてみよう。

1. 家族と暮らし方の変化

（1）世帯規模は4人家族から1人家族へ

　世帯構造の変化は，家計や生活設計のあり方に大きな影響を及ぼす。暮らしの場で起きている大きな変化の一つは，**世帯規模の縮小**である。そこで，5年ごとに実施される総務省「国勢調査」で世帯データの詳細をみてみよう[1]。世帯規模を世帯の人数別にみると，1980年には4人世帯が最も多かったものが，2010年には1人が最も多い世帯となり，次に多いのが2人世帯である（図8-1）。

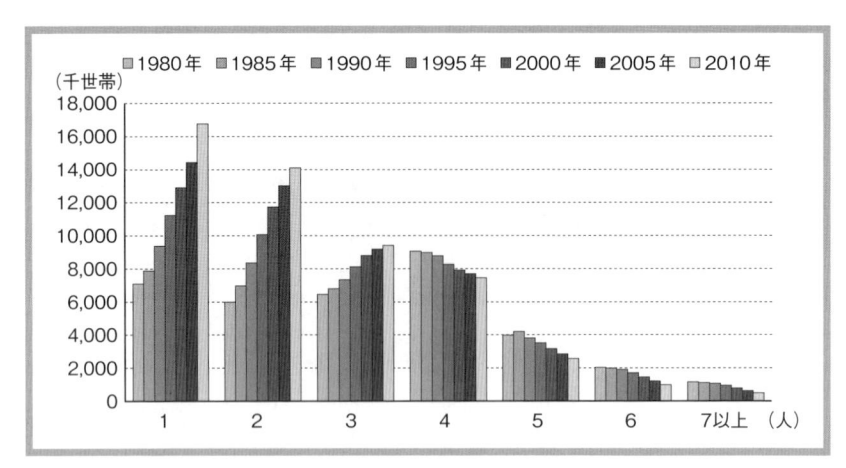

図8-1　世帯人員別一般世帯数（1980～2010年）

（総務省統計局：国勢調査）

（2）核家族化は進んでいるのか

　家族類型別にみると，2010年には国勢調査の開始以来，初めて「**単独世帯**」が「夫婦と子供から成る世帯」を上回った（図8-2）。「単独世帯」は全体の32％を占めており，3世帯に1世帯が一人暮らしである。

　また，「**核家族**」に注目すると，全体（一般世帯）に占める核家族の割合は，1980年で60％，1995年で59％，2010年で56％であるから，私たちが思い込みがちな「核家族化」の進行，すなわち全体に占める核家族世帯の割合は増加していない。これは，核家族世帯数そのものの増加（1980年の2,159万世帯から2010年の2,921万世帯へ）に比べて，世帯全体（一般世帯）の数が大きく増加（3,582万世帯から5,184万世帯へ）しているためで，進行しているのは「一人暮らし世帯の急増」である。なお，1920年（大正時代）の核家族世帯の割合は，約55％（世帯の分類基準が若干異なるため正確な比較はできないが）であるから，それほど大きな核家族世帯割合は変化していない。

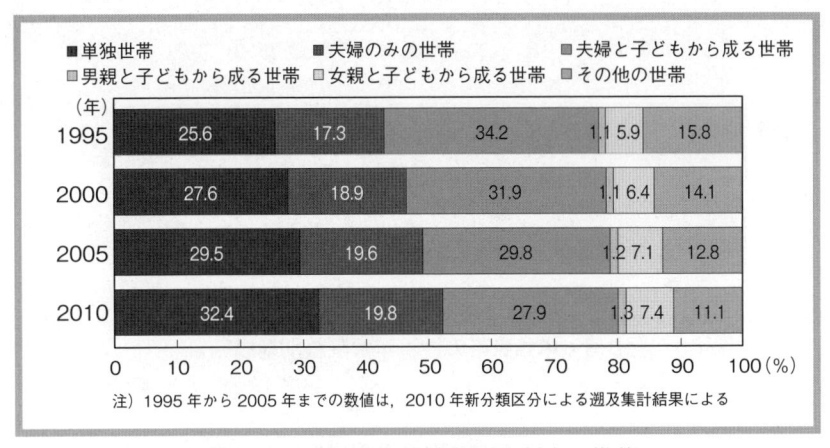

図8-2　一般世帯の家族類型別割合の推移

年	単独世帯	夫婦のみの世帯	夫婦と子どもから成る世帯	男親と子どもから成る世帯	女親と子どもから成る世帯	その他の世帯
1995	25.6	17.3	34.2	1.1	5.9	15.8
2000	27.6	18.9	31.9	1.1	6.4	14.1
2005	29.5	19.6	29.8	1.2	7.1	12.8
2010	32.4	19.8	27.9	1.3	7.4	11.1

注）1995年から2005年までの数値は，2010年新分類区分による遡及集計結果による

（総務省統計局：国勢調査）

（3）男女の一人暮らしと家計

　それでは，どのような人が一人暮らしをしているのだろうか。ここでは，単独世帯の年齢構成（10歳階級）を男女別にみてみよう（図8-3）。全体では，29歳以下が22％，65歳以上が29％で，比較的若い世代と高齢世代の両極にシフトしながらも，両者をつなぐ間の年齢層もそれぞれ1割程度の分布を維持している。単独世帯を男女別にみると，50歳代まではすべての年齢階級で男性の割合が高く，60歳代からは女性の方が高くなる。女性では一人暮らし世帯の半数が60歳以上であるのに対し，男性では4分の1弱と少なめである。

　一人暮らしで働いている勤労世帯の**収入**をみると，実際に世帯に入ってくる現金収入を指す**実収入**（月平均）は，30歳未満では女性251,290円，男性253,952円で，男女差は少ない。その後，年齢が上がるとともに男女の差は大きくなり，男性は50歳代（462,827円）まで収入が上がっていくが，女性は40歳代（297,407円）をピークに減少している（表8-1）。実収入の大半は勤め先収入である。50歳代の一人暮らし女性は，男性の5割弱

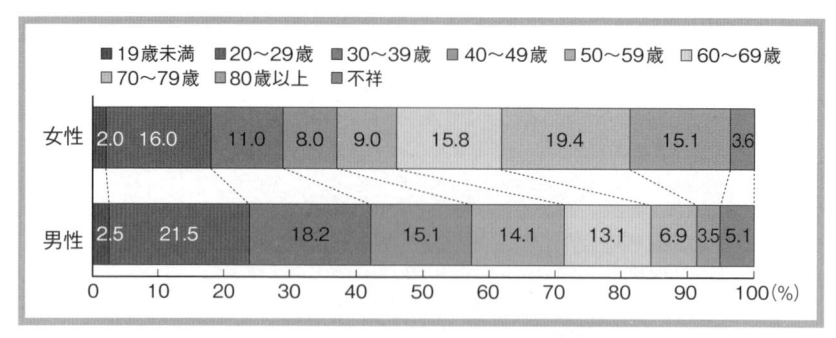

図8-3 単独世帯の性，年齢階級別構成割合

	19歳未満	20～29歳	30～39歳	40～49歳	50～59歳	60～69歳	70～79歳	80歳以上	不詳
女性	2.0	16.0	11.0	8.0	9.0	15.8	19.4	15.1	3.6
男性	2.5	21.5	18.2	15.1	14.1	13.1	6.9	3.5	5.1

（総務省統計局：平成22年国勢調査）

表8-1 性，年齢階級別単身勤労者世帯の月平均収入

（単位：円）

	30歳未満		30～39歳		40～49歳		50～59歳	
	女性	男性	女性	男性	女性	男性	女性	男性
実収入	251,290	253,952	268,992	322,384	297,407	378,873	240,493	462,827
経常収入	247,065	251,471	264,279	317,903	291,245	375,112	235,780	458,677
勤め先収入	242,844	250,603	260,860	314,442	284,982	371,704	215,712	456,130
本業以外の勤め先収入	3,079	679	1,609	2,740	3,020	2,472	2,039	814
他の経常収入	1,141	189	1,810	721	3,242	936	18,029	1,733
特別収入	4,225	2,481	4,713	4,481	6,162	3,761	4,713	4,150
可処分所得	218,156	215,515	224,046	268,497	240,115	302,436	200,071	371,980

（総務省統計局：平成21年全国消費実態調査）

しか勤め先収入を得られておらず，社会保障給付等を含めても実収入は男性の半分にとどまる（なお，高齢期の家計については，第3節で取り上げる）。

2．多様なライフコースと家計

（1）収入と結婚のリスク

世帯構造の変化は，少子高齢化だけでなく，ライフコースが多様になっ

てきていることとも関連している。従来の生活設計では,「夫婦と子ども2人位の核家族世帯」で, 収入は「夫が主に稼ぐ片稼ぎ」, 妻は「専業主婦もしくは子どもの就学頃から家計補助的なパートをするM字型就労」(p.108参照) を中心に, 教育費とマイホーム取得を計画し, 夫の定年退職後に備えることが中心であった。そこでは, 安定したライスコースと家族関係が継続することが暗黙の前提とされていた。しかし, 現実はこうした前提との乖離が大きくなっている。その要因の一つが**結婚**である。結婚を考える際に, パートナーにどのくらいの収入を期待するのだろうか。山田(2007)[2]は, 結婚しない若者の増加の要因分析において, 収入の増加が見込めない職業に就く男性が, 結婚相手として選ばれにくくなることを指摘している。そこで, 40歳未満の一人暮らし男性の年間収入の分布を「平成21年全国消費実態調査」でみると, 年収が350万円に満たない者が44％を占める。一方, 年収500万円～600万円は15％, 600万円以上は9％にすぎない。女性が男性にある程度の高収入を期待して結婚を望む限り, 男性にとっては選ばれない者が多くなり, 女性にとっては数少ない高収入男性を獲得できなければ, 結婚レースから外れることになりかねない。結婚するかしないかという短絡的な問題ではなく, 結婚相手に何を求めるのか, 自分らしい生き方や共に生きることの意味を問い直す必要を感じさせるデータである。

(2) 結婚生活の継続と経済リスク
1) 雇用と収入の安定のリスク

現在, 結婚生活の継続において, 雇用と収入の安定が保障されにくくなっている。それには**非正規雇用**の増加があげられる。総務省「労働力調査」(2010年) によると, 男性では正規の職員・従業員が2,309万人, 非正規の職員・従業員が539万人, 女性では正規の職員・従業員は1,046万人, 非正規の職員・従業員は1,218万人である。雇用形態による賃金の年平均

額をみると（厚生労働省「賃金構造基本統計調査」2011年），男性では正社員・正職員340万円，正社員・正職員以外222万円と大きな開きがあるだけでなく，正社員・正職員の年齢階級による賃金カーブの上昇が大きく，50歳代前半では429万円である（図8-4）。女性では正社員・正職員249万円，正社員・正職員以外172万円で，男性に比べて正社員・正職員の賃金カーブの上昇が少なく，平均額も低くなっている。また，男女ともに正社員・正職員以外は，年齢階級が高くなっても賃金の上昇があまりみられない。

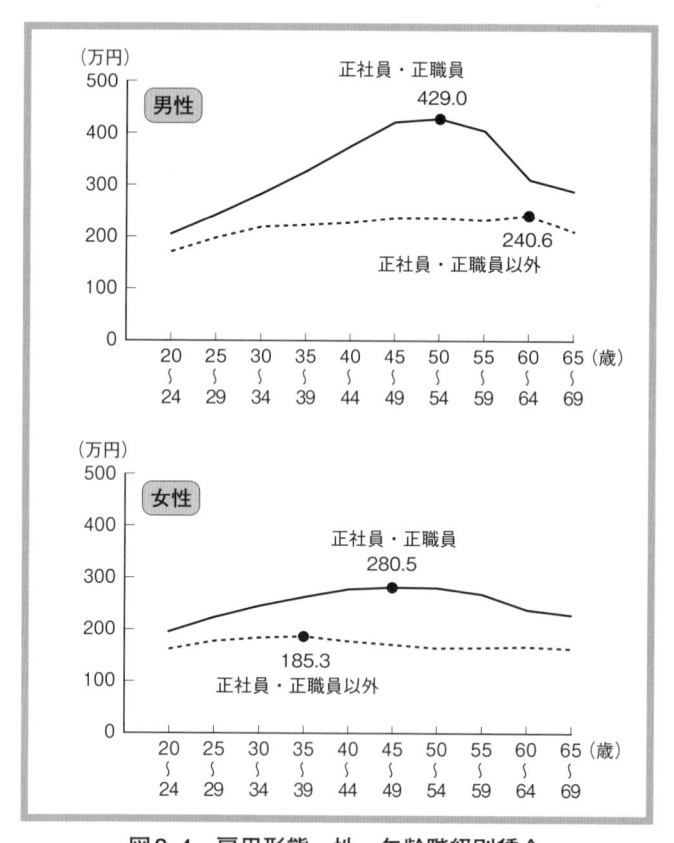

図8-4 雇用形態，性，年齢階級別賃金

（厚生労働省：平成23年賃金構造基本統計調査（全国）結果の概況）

近年の非正規雇用化，低所得・不安定就業を特徴とする**ワーキングプア層**の増加は，安定した収入と雇用の維持という条件からはずれる若者を多数生み出した。また，バブル経済崩壊後，中高年層のリストラ，早期退職，出向などの増加も指摘されてきた。このような現状に対応した**セーフティネット**の形成と利用がリスク管理として必要であることはいうまでもないが，世帯でのリスク分散も有効な対抗策の一つとなる。すなわち，共稼ぎによる収入リスクの分散である。そこで，片稼ぎと共稼ぎの家計を比べてみよう。

2）片稼ぎと共稼ぎの家計

　ここでは，**共稼ぎ**世帯の中で，妻が正規職員・従業員（以下，「妻正規」）の場合とパート・労務作業者（以下，「妻パート」）の場合に分けて，**片稼ぎ**世帯と比較・分析する[3]。

① 収　入

　「妻パート」世帯の実収入は月47万円で，「片稼ぎ」世帯に比べると1.2倍である（表8-2）。夫妻の勤め先収入の合計を100として，夫妻の収入割合をみると，夫84対妻16となる。パートの妻の収入は，一般労働者との賃金格差や，配偶者控除・第3号被保険者の維持など，現行の税・社会保障制度がもたらす「就業調整」の結果が反映された金額となっている。妻の勤め先収入が実収入に占める割合は14％にとどまり，リストラや非正規雇用の拡大，賃金抑制等による世帯収入減少に対する抑止力としては弱い。一方，「妻正規」世帯の実収入は月68万円で，「片稼ぎ」世帯の1.7倍である。とはいえ，夫妻の勤め先収入割合は夫58対妻42で，妻の収入は夫に比べて低い。これは，男女の**賃金格差**，妻が家事・育児・介護の無償労働を担うことから生じる勤務時間の減少，昇進機会の逸失などが，妻の収入に反映された結果といえよう。

② 支　出

　共稼ぎによる収入の増加は，就労の必要経費や子育て・住宅ローン等に

表8-2 「共稼ぎ世帯」・「片稼ぎ世帯」の月平均家計収入

(単位：円)

妻の就業形態	共稼ぎ世帯[1]		片稼ぎ世帯[2]
	正規・職員[3]	パート・労務作業者[4]	
世帯人員（人）	3.43	3.57	3.16
世帯主の年齢（歳）	45.5	49.0	45.7
実収入	680,509	466,672	403,005
勤め先収入	650,197	434,659	359,960
世帯主の勤め先収入	380,702	348,544	359,569
世帯主が男の収入	364,509	347,648	335,333
世帯主の配偶者の勤め先収入	255,881	66,868	318
配偶者が女の収入	250,153	66,505	292
他の世帯員の勤め先収入	13,614	19,246	73
（再掲）夫婦の勤め先収入	636,583	415,412	
夫の勤め先収入	370,237	348,010	
妻の勤め先収入	266,346	67,402	
事業・内職収入	2,226	845	5
本業以外の勤め先・事業・内職収入	4,090	2,855	3,476
他の経常収入	15,003	17,971	31,210

注1）世帯主が勤労者でその配偶者が有業者である2人以上の世帯
注2）世帯主が勤労者で世帯主だけが働いている2人以上の世帯
注3）妻が勤労者のうち職員で正規の職員・従業員
注4）妻が勤労者のうち労務作業者でパート・アルバイト

（総務省統計局：平成21年全国消費実態調査）

配分されるとともに，税や社会保険料の納付を通じて社会的セーフティネットの形成にも寄与する。日々の生活に必要な財やサービスを購入して実際に支払った金額である**消費支出**をみてみよう。消費支出の内訳を「片稼ぎ」世帯と比べると，「妻パート」世帯では，住居（家賃が主。住宅ローンは含まない），保健医療，教養娯楽，被服および履物，家具・家事用品の支出が少ない（表8-3）。一方，「妻正規」世帯では，すべての費目で支出が多くなっている。食費の内訳では，「妻正規」世帯で調理食品や外食が

表8-3 「共稼ぎ世帯」・「片稼ぎ世帯」の月平均家計支出

(単位:円)

妻の就業形態	共稼ぎ世帯[1] 正規・職員[3]	共稼ぎ世帯[1] パート・労務作業者[4]	片稼ぎ世帯[2]
実支出	525,105	380,599	364,419
消費支出	396,673	309,132	293,858
食料	79,602	69,591	65,004
調理食品と外食を除いた食料	50,027	49,202	45,091
調理食品	9,391	8,186	6,930
外食	20,184	12,203	12,983
住居	21,686	17,243	21,438
光熱・水道	19,506	19,703	17,450
家具・家事用品	10,315	8,686	9,245
被服および履物	18,611	11,223	12,403
保健医療	13,100	10,533	12,416
交通・通信	66,557	50,524	46,574
交通	9,363	6,240	7,221
自動車等関係費	39,376	27,724	25,499
通信	17,817	16,561	13,854
教育	24,162	23,888	18,294
教養娯楽	41,754	26,969	31,310
その他の消費支出	101,379	70,772	59,724
仕送り金	21,037	8,471	5,340
非消費支出	128,432	71,468	70,561
直接税	55,436	27,511	30,611
社会保険料	72,882	43,791	39,826

注) 表8-2に同じ

(総務省統計局:平成21年全国消費実態調査)

多いが,食材の購入等の「調理食品と外食を除いた食料」が他の世帯より少ないわけではない。

「片稼ぎ」世帯よりも支出増が大きな費目をみると,「妻パート」世帯で

は教育が,「妻正規」世帯ではその他の消費支出,被服および履物,交通・通信があげられる。交通・通信には自動車関係や通信が含まれ,その他の消費支出には理美容関係や仕送り金等が含まれている。すなわち,教育やマイカー,仕送り金など生活課題に対応した支出と就業に伴う経費を中心に多く支出していることがわかる。また,「妻正規」世帯では,税や社会保険料等の**非消費支出**が「片稼ぎ」世帯の1.8倍になっているが,「妻パート」世帯では1.01倍で「片稼ぎ」世帯とほとんど差がみられない。年金や健康保険の財源不足が深刻化する中で,非正規労働者の賃金や待遇の是正と,多様な働き方をしながら税や社会保険料を納めることができる制度の構築が望まれる。

(3) 離婚の家計リスク

これまでの生活設計では,**離婚**はほとんど想定されてこなかった。2010年の婚姻件数は約70万組(厚生労働省「人口動態統計」)であるが,離婚はどれくらいだろうか。答えは,約25万組である。同じ年に結婚した夫妻が離婚しているわけではないので,単純な比較はできないが,結婚3組に対して1組強の離婚が同じ年に進行していることから,結婚に伴う離婚の可能性を否定できない。離婚のうち約6割が20歳未満の子どものいる世帯であり,その83%は妻が全児の親権をもっている。

そこで,**母子世帯**の家計をみてみよう。日本の母子世帯では,母親の8割以上が就業しているが(厚生労働省「平成18年全国母子世帯等調査」),母子世帯の年間所得の分布は(厚生労働省「平成22年国民生活基礎調査」),200万円未満が4割を占め,1世帯当たりの平均金額は263万円である。この金額は,児童のいる世帯平均(697万円)の38%,全世帯平均(550万円)でも半分以下と低い上に,少数の総体的に高額な世帯に平均額がひっぱられていることにも注意が必要である。なお母子世帯の貯蓄では(同調査),母子世帯の半数が「貯蓄がないか,あっても50万円未満」となっており

(「貯蓄がない」29％,「貯蓄がある—50万円未満」19％),経済的にきわめて厳しい状況におかれているといえる。

3. 高齢期の家計と就労経歴

最後に,高齢期の世帯収入についてみてみよう。内閣府男女共同参画局「高齢男女の自立した生活に関する調査結果」(2008年)によると,夫婦のみの世帯では年間所得450万円以上が4分の1を占め,次いで300万～350万円である。また男性の単独世帯では200万～250万円が最も多いのに対して,女性の単独世帯では50万～100万円が最も多く,半数以上が150万円未満の所得にとどまっており,高齢一人暮らしの女性の経済状況の厳しさが顕著といえよう。

ところで,高齢期の収入格差と若年期からの就労パターンとの関係について**就労経歴**別に高齢者の平均年収をみたところ,「非正規雇用が最も長い」場合に年間収入が低く,正規か非正規かという雇用形態の違いによる収入格差は約2倍であった。また,「主に正規雇用」で働いてきた場合でも,女性(200万円)と男性(428万円)では2倍以上の収入の差が生じており,高齢期までの働き方や賃金格差が,高齢期の収入の格差につながっている。

4. 貧困に陥らず,自分らしい人生を歩むために

日々の生活の単位が大きく変わりつつある現在,雇用の流動化・非正規化の進展で経済的なリスクは増加している。結婚生活とその継続にかかわる変化は,未婚・晩婚・非婚・離婚の増加とともに,経済的なリスクへの対応を余儀なくされる。また,高齢期の経済生活は男女個人の就労期の働き方が大きく影響することになる。家計からみた生活の経済的,社会的な

現状は，自分らしい生き方を豊かに実現していくために，起こりうるリスクを把握し，柔軟に対応ができるような準備を考えることの必要性を示している。職業選択に際してどのような条件を重視するのか，就業の継続を見通すのか，結婚はどうするのか，どのようなパートナーを選ぶのか，自分はどのようなパートナーになるのか，その選択にはどのようなリスクがあるのか……などである。個人や家族に必要なセーフティネットを，みんなで手をつなぎながら社会全体で創っていくことが大切である。

【引用文献】
1）天野晴子：家計．女性白書 2012（日本婦人団体連合会），ほるぷ出版，2012．
2）山田昌弘：少子社会日本，岩波書店，2007．
3）天野晴子：第7章　家計と資産．男女共同参画統計データブック 2012（国立女性教育会館・伊藤陽一編），ぎょうせい，2012．

第9章
生活のリスクとマネジメント

　人生を送る上で，人は時としてさまざまなリスクに直面する。できることなら避けたいが，職場で事故に遭遇したり，勤務先の事情による突然の解雇もあり得るだろう。心身の健康は何よりも大切であるが，体調を崩し病院に通うことも日常的なことである。長期の入院となれば出費もかさみ，家計を圧迫してしまう。また，火災や交通事故など不慮の災害を招いたり，巻き込まれたりすることもある。普段の購入行動には慎重であったとしても，心の隙間に，巧みに入り込むセールス攻勢を受けて，必要のない物を購入したり，多額の損失を被ることもまれではない。
　リスクとは危険や損失の発生する可能性を指す。ここではリスクへの準備や対処について考えてみよう。

1. 生活のリスク

　リスクを避けることはできるのか。リスクゼロは存在しうるのか。
　近年，長引く不況と雇用不安，長寿と高齢化，技術革新による製品の高度化，消費者取引の複雑化・グローバル化などに伴う，リスク増大社会が現出している。私たちの生活は，さまざまなリスクに囲まれているといってよい。2011年3月11日の東日本大震災とそれに伴う原発事故は，世界中の人々に災害のリスクを考えさせることとなった。
　どんなに科学技術が発達しても**リスクゼロ社会**は存在しないとすれば，

私たちはリスクを可能な限り正確に想定し，リスクとどう向き合うかを考える必要がある。

想定されるリスクが回避できるのであれば，そのための行動をとるべきであるが，回避できない場合には，リスクの最小化を検討しなければならない。リスクを考慮していく際には，許容できるリスクの範囲はどれほどか，また投資リスクなどではリスクの分散によるリスクヘッジなども考えていく必要がある。

このように想定されるリスクへの対策を立て，その最小化や分散，リスクの転嫁，許容リスクの自己評価などを行うプロセスを**リスクマネジメント**という。

2. 雇用とリスク

雇用関係にある企業の，業績不振によるリストラ，倒産などにより，解雇された場合や，勤務中の偶発的事故などのリスクは，個人の責任によるものではないために，社会保険として国が一定の補償をすることになる。

(1) 仕事と雇用保険

雇用保険とは，労働者が失業してその所得の源泉を失った場合，労働者の雇用継続が困難となる理由が生じた場合，さらには労働者が自ら職業に関する教育訓練を受けた場合に，労働者の生活および雇用の安定と就職促進のために失業給付（失業手当）が支払われる社会保険制度である。

民間企業に勤務する人は，原則として雇用保険に加入し，会社側と従業員の双方は賃金に応じた雇用保険料を負担している。失業手当は雇用保険の被保険者が，定年や倒産，契約期間の満了などにより離職し，新たな仕事が見つかり再就職するまでの失業中の生活を心配なく暮らすために，90日から最大360日間給付される。

（2）業務上の事故や疾病と労働者災害保険

労働者災害保険（労災保険）とは，労働者災害補償保険法（以下「労災保険法」）に基づく制度で，業務上災害または通勤災害により，労働者が負傷した場合，疾病にかかった場合，障害が残った場合，死亡した場合等に，被災労働者またはその遺族に対し所定の保険給付を行う社会保険制度をいう。

業務上災害とは，労働者が就業中に，業務が原因となって発生した災害を指し，労働基準法に，使用者が療養補償その他の補償をしなければならないと定められている。

労働者が確実に補償を受けられるようにするため，また事業主の補償負担の軽減のために労災保険制度が設けられている。

労働者を一人でも使用する事業（個人経営の農業，水産業で労働者数5人未満の場合，個人経営の林業で労働者を常時には使用しない場合を除く）は，労災保険法の適用を受けることになり，保険料を納付しなければならず，保険料は全額事業主負担となっている。

加入は事業場ごとに行われるため，そこで働く労働者であれば，誰でも，保険給付を受けることができる。労働者とは，正社員に限らずパート，アルバイト等，使用されて賃金を支給される人すべてを指す。

労働者の負傷，疾病等に対する保険制度としては，労災保険のほかに後述の健康保険があるが，健康保険法では，労働者の業務以外の事由による疾病，負傷，死亡等に関して保険給付を行うと定められており，業務上災害について健康保険による給付を受けること（健康保険被保険者証を提示して治療を受けるなど）はできない。

3. 健康とリスク

　人が生きていく上で，健康は何よりも大切な価値である。常に健康を維持できることが望ましいが，病気や事故は人生で避けることのできないリスクである。個人では健康リスクを負うことは不可能であり，保険制度を利用することでリスクの転嫁を図っているのである。

(1) 健康保険

　わが国では国民皆保険といわれるように，医療の分野においては誰もがいずれかの**健康保険**に加入している。健康保険制度は公的医療保険制度であり，**社会保障**の中の社会保険と呼ばれるものである。健康保険に加入する被保険者は，医療が必要な状態となったときに，医療費の一部を支払い，残余を保険者が負担する仕組みである。

　健康保険には，無職者や自営業者等が加入する国民健康保険，企業の従業員等が加入する組合健康保険，公務員等の加入する共済組合健康保険，船舶の船員等が加入する船員保険などがある。高齢化の進行とともに，高齢者の医療費は拡大し続けている。そのため健康保険の自己負担割合については，現在改善が進められている（表9-1）。

(2) 生命保険

　人の生命や傷病にかかわるリスクを保障することを目的とする保険である。社会保険とは異なり，自らの判断で保障される金額や保障の内容を考えて任意に加入するものである。生命保険は，統計に基づき，年齢ごとの**平均余命年数**に応じた保険料が算出される（表9-2）。

　従来は営業員が居宅を訪問して契約を進める形態が中心であったが，最近はインターネットなどによる保険の販売も目立つようになってきた。また，貯蓄や老後の保障を目的とした積立型の保険や，個人年金保険なども

表9-1　医療費の自己負担割合
　　　　（2012年度）

未就学児	2割
小学生以上 70歳未満の人	3割
70歳以上 74歳未満の人	1割
（一定以上所得者）	3割
75歳以上の人 （後期高齢者医療制度）	1割
（一定以上所得者）	3割

表9-2　日本人の平均余命
　　　　（2012年）　　　（単位：年）

年齢	男	女
18	62.02	68.73
20	60.07	66.75
30	50.41	56.92
40	40.81	47.17
50	31.51	37.61
60	22.84	28.37
70	15.08	19.53
80	8.57	11.59
90	4.41	5.76
100	2.30	3.00

（総務省統計局：日本の統計2012）

生命保険の一種である。

4．所得とリスク

（1）リタイアメントライフ ―年金制度による生活保障―

　表9-3は今後数十年先を見通した高齢者人口の推移であるが，超高齢大国への移行は顕著である。

　現在，年金制度は財源の確保と給付水準が大きな課題となっている。年金は主に高齢者の退職後の生活を実質的に支える役割を果たすため，年金給付に必要な財源を後代の負担に求める**世代間扶養**のシステムを前提としている。日本社会の少子高齢化の速度が早まるほどに，現役世代の保険料負担の過重化の回避と，保険金積立の運用による財政運営が大きな課題となっている。

表9-3　65歳以上人口割合等の推移と見通し

年	65歳以上人口／全人口 (%)	65歳以上人口／20歳以上65歳未満人口 (%)
昭和35（1960）	5.7	10.6（9.5人で1人）
昭和45（1970）	7.1	11.7（8.5人で1人）
昭和55（1980）	9.1	15.1（6.6人で1人）
平成2（1990）	12.0	19.6（5.1人で1人）
平成12（2000）	17.3	27.9（3.6人で1人）
平成17（2005）	20.2	33.1（3.0人で1人）
平成22（2010）	23.0	39.0（2.6人で1人）
平成42（2030）	31.6	58.7（1.7人で1人）
平成57（2045）	37.7	77.5（1.3人で1人）
平成72（2060）	39.9	84.4（1.2人で1人）

（国立社会保障・人口問題研究所：日本の将来推計人口（平成24年1月推計））

公的年金には国民年金，厚生年金，共済年金がある。国民年金は基礎年金と呼ばれ，20歳以上60歳までのすべての国民に加入義務がある。ただし，学生の場合は，卒業までのあいだ保険料納付猶予の制度（「学生納付特例」という）がある。会社員や公務員は，国民共通の国民年金の上に，厚生年金（会社員）または共済年金（公務員）があり，さらにその上に企業年金や年金基金があるため，年金は3階建ての構造と呼ばれることもある（表9-4）。

年齢など給付対象の条件に達すると，老齢年金，障害年金，遺族年金として，一定の金額が支給される。

表9-4　公的年金の種別

国民年金	基礎年金と呼ばれ，20歳以上のすべての国民が加入している年金
厚生年金	サラリーマンやOLなど一般企業に勤める人が加入している年金
共済年金	国家公務員，地方公務員や学校の教職員などが加入している年金

（2）介護保険と介護サービス

　介護保険制度は，高齢化，核家族化の進展により，社会の介護へのニーズが高まる中で，2000年より導入された。健康保険と同様に社会保険として位置づけられている。40歳以上の国民は介護保険料を納めなければならない。介護サービスを利用するためには，被保険者が介護を必要とする状態であることを公的に認定される必要がある。これを要介護認定と称し，市町村への申請によって行われる。要介護認定では，介護を必要とする度合いによって，要支援1，2，および要介護1～5の7段階に分かれる。

　介護保険によって受けられるサービスには在宅サービス，地域密着型サービス，施設サービスがあり，訪問介護や老人福祉施設などで利用されている。

（3）生活保障とセーフティネット

　生活保護制度は，生活に困窮するすべての国民に対して，「健康で文化的な最低限度の生活」の最低水準を保障し，自立支援を行うものである。生活保護としての支給には，生活扶助，住宅扶助（主に家賃），教育扶助，医療扶助などの最低生活費のほか，母子家庭や障害者の場合等には加算がある。申請の相談は地域の福祉事務所が担当している。生活保護は再スタートまでの生活を保障する意義の高い制度であり，最後のセーフティネットとも呼ばれる。

5. 事故とリスク

（1）交通事故のリスク

　交通事故は年々減少の傾向にあるが，2011年度で約70万件の事故が全国で発生している。瞬間の不注意が原因で大事故に結びつくことも少なくない。車両の運転者は，事故に備えるために車両購入時に加入義務のある強制保険（自動車損害賠償責任保険）に加入すると同時に，強制保険では十分でない支払いリスクに備えるための任意保険（自動車保険）にも同時に加入することが一般的である。

（2）災害と生活の回復

　損害保険は，交通事故のほか，火災や風水害などの自然災害など，偶発的な事故により生じた損害（リスク）を補償する目的で，あらかじめ地域ごとの事故率などにより算定された保険料を支払って加入する保険である。地震による住宅損壊などの被害に備えるためには，その基礎となる住宅火災保険に加入すると同時に，地震保険を付帯することになる。

　また，損害保険にはそのほかに，疾病に備える傷害保険や医療費用保険，所得補償保険など個人のニーズに応じたさまざまな保険が商品化されている。近年では，外国損害保険会社が広く市場参入し，価格やサービスにおいて競争が激化している。

6. 消費生活とリスク

（1）リスクとしての製品事故

　古くなった家電品の発火や，ガス器具の劣化による不完全燃焼など，身体・生命に危険を及ぼす事故に関する相談は，**国民生活センター**の集計によれば，2011年には15,700件ほど発生している。

事故原因は製品の欠陥に起因する場合と，消費者の誤使用の場合も多いとされる。事故に結びつきやすい製品に関しては，日常的にメンテナンスも欠かせない。異音や異臭がする場合は直ちに使用を止めて，メーカーや販売店に問い合わせるなど消費者の適切な対処が肝腎であろう。

一方，2009年には，過去に事故を発生させ問題になったガス瞬間湯沸かし器など9品目を指定し，点検を義務づける**長期使用製品安全点検制度**がスタートした。

(2) 食品安全とリスク

食の安全は国民の基本的課題として，これまでに消費者運動などでも大きく取り組まれてきた。食品添加物の発がん性問題，ポストハーベストと残留農薬問題，遺伝子組換え食品への不安，2011年の東日本大震災を機とした農水産物の放射能汚染問題などへと広がりを見せた。国は2003年に食品安全基本法を制定し，食品安全について審議するための食品安全委員会を設置した。

生産地が居住地に近い安心感や地元の生産農家を支援するために，地産地消への関心も高まりを見せている。生産者との対話を通じて，安全で安心できるものを提供してもらう顔の見える関係が生まれている。

1）食品安全委員会

食品安全委員会は，内閣府に，2003年に設置された組織で，国民の健康の保護を最優先課題として，科学的知見に基づく客観的，中立公正な立場からリスク評価（食品健康影響評価）を実施している。また，リスクコミュニケーションの推進や食品安全に関する施策の監視などの業務に取り組んでいる。

2）リスクコミュニケーション

リスクコミュニケーションとは，リスク分析のすべての過程において，消費者，事業者，研究者，その他の関係者との間で，リスクに関する情報

および意見を相互に交換することをいう。消費者は，単にリスクの存在するものを忌避するばかりではなく，リスクと正面から向き合って，生産者らと話し合うなど，リスクの正しい理解や評価に努めることが必要である。

（3）リスクとしての消費者トラブル

　消費者としての取引被害は，社会的な経験の不足や判断力の低下傾向などにより，若年層や高齢者などに多く発生している。大学生においても，マルチ商法や就活対策などにかかわるさまざまな勧誘型の悪質商法によって被害に巻き込まれるケースが少なくない。また，インターネットや携帯電話を利用した商品販売や会員募集による被害もみられる。国民生活センターによれば，2011年の消費者苦情・相談は全国で約90万件に上り，消費者行政はその防止のための啓発・教育事業を実施しているが，必ずしも効果を上げているとはいえない現状がある。

　消費生活のリスクとしての消費者トラブルを最小化するためには，消費者としての的確かつ冷静な判断力が不可欠である。消費者契約法は，契約締結における事業者の断定的判断や強引な勧誘などがあった場合の取消権を消費者に与えているが（同法第4条），まずは，一方的な勧誘行為に対して自信をもって断ることのできる強い意志も必要となる。また，万一被害に直面した場合であっても，全国に約600か所ある**消費生活センター**を活用するなどして，すみやかに解決への対応をとることのできる消費者力が不可欠であるといえよう。

（4）金融商品とリスク

　消費者取引の中には，資産運用を巡る高額な金融商品も含まれる。金融商品は預貯金など単純な商品を除いては，複雑な仕組みをもったものが多く，当初の予想と大きく異なる運用結果が生じるものも多い。消費者向け

の金融サービスは，預貯金，借入れ，保険，投資と多様であり，複雑であるので，**ファイナンシャル・リテラシー**（個人金融能力）を身につけることが大切とされる。

1）金融商品販売と説明義務

金融商品の販売事業者に対して，消費者への重要事項の説明義務を明示し，明示義務違反には賠償責任を課すなど厳しい措置をとることが定められている。預貯金，保険，投資商品などでは「元本保証の商品ではありません」「為替手数料が発生します」などのリスクの表示義務があり，消費者はそれらの内容を十分理解した上で，購入の意思決定をすることが求められる。

2）クレジット・ローンとリスク

クレジットカードで買い物をしたり，車や住宅を購入する場合にローンを利用することは一般的であるが，これらは支払いを第三者が一時的に立て替えるもので借金としての性格を持つ。そのためクレジット会社や銀行，住宅ローン会社は，事前に利用者本人の所得や勤務先などの個人情報を確認して審査を行うことになる。返済中に離職や病気などのリスクが発生し，返済が滞ることもあり得る。したがってクレジット会社等は，滞納が発生したり，返済不能となった場合には**信用情報機関**にその事実を登録し，他の金融機関等とも情報共有をして貸倒を最小限にする仕組みができている。消費者個人は，状況により5年から7年は新たな借入れができなくなるなどの事態を招くことになるので，注意が必要である。

返済義務のある学生支援機構の奨学金も，返済期間内に3か月以上の滞納などがあると信用情報機関に登録されることがある。

3）クーリングオフ制度

特定商取引法において，無店舗販売，電話勧誘販売，マルチ商法などに規定する一定期間の契約無条件解約権をいう。これらの販売方法は一般の店舗販売と異なり，消費者が余裕をもって判断することができない場合も

少なくないので，解約のための冷却期間が置かれている（訪問販売や電話勧誘販売は書面受領日から8日間）。なお，**クーリングオフ制度**は割賦販売や宅地建物取引などにも定められている。

7. リスクと向き合う

　現代はリスク社会とも呼ばれる。交通事故の危険を想定すれば理解できるように，リスクは日常に溢れているといっても過言ではない。リスクを恐れることなく，マネジメントしていくことが欠かせないのである。事前にリスクを計測し，リスクを最小化したり，リスクテイクすることでリスクと向き合うことが大切である。

　生活のさまざまなリスクに対処するためには，第1には，現在および将来において，自身の生活のどこにどのようなリスクが存在しうるのかを把握し，第2には，その対処の仕方をしっかりと学び取らなければならない。そのためには，消費者として主体的に生活を見つめ，判断し問題解決していく力を身につける必要がある。これが**消費者教育**である。

　消費者教育の重要性については，消費者被害防止の観点からも以前より指摘されてきたが，2012年8月には，消費者教育推進法（消費者教育の推進に関する法律）が公布された。消費者としての自立は，個人レベルにおけるリスクをめぐる対応策の検討，行動の選択，実行においても不可欠なのである。

【参考文献】
・橘木俊詔ほか：リスク学とは何か，岩波書店，2007.
・鈴木亘：年金は本当にもらえるのか，筑摩書房，2010.
・正田彬：消費者の権利 新版，岩波書店，2011.
・岩田正美：現代の貧困―ワーキングプア／ホームレス／生活保護，筑摩書房，2007.

第10章 生活を守る法

　法は日常の暮らしとかけ離れており，難しそうだと，敬遠する人が多いかもしれない。このような「法嫌い」ともいうべき現象は日本社会の特徴であり，法を絶対視する「法万能主義」と法を敬遠する「法逃避主義」という，一見異なるが根っこは同じ考え方に基づく[1]。つまり，法は自分たちのものではなく，国家から与えられたものだという「受身」の思想が私たちの社会を支配してきた。

　ここでは，現代社会における法の役割について考えるとともに，法が私たちの生活をどのように守っているのか，「働く女性」と「暴力」をキーワードに，女性労働，セクシュアル・ハラスメントおよび児童虐待をめぐる法制度について述べていく。

1. 私たちの生活と法

(1) 法の役割

　学費確保のためにアルバイトをする場合，時給や勤務時間，雇用期間，勤務場所，職種（どんな仕事か）などの「労働条件」を雇い主から提示され，それを自分の希望に合うかどうか吟味してからそこで働くことを決めることになる。それは，必ずしも意識していないかもしれないが，雇い主と雇用契約を締結するという法的行為を行っているのだ。ところが，勤務場所までの交通費が出なかったり，理由もないのに突然「もう来なくてよ

い」と言われたらどうすればよいだろうか

　労働基準法という法律の名前は知っていても，それは正社員のための法律でアルバイトは関係ないと思っていないだろうか。労働基準法は雇われて働く人の保護を目的とした法律で，パートもアルバイトも雇われて働く人はすべて対象となるのであり，自分を守るためには知っておきたい法律である。また，近年の不況のあおりを受けて就職活動が厳しくなっており，新卒で契約社員や派遣社員という人もいる。アルバイトで何とかつないで既卒での就職を希望する人も多い。しかし，派遣先の職場でハラスメントを受けたり，派遣切りにあったとしたらどうすればよいのか。正社員として就職したとしても，いつ合理化の波にのまれるかわからないし，業績悪化や倒産などで「希望退職」や「整理解雇」を迫られるかもしれない。そんなときに強い味方になるのが，労働基準法などの労働法である。いわば，一人ひとりの働く権利や生活する権利，生きていく権利（生存権）を守るのが法の役割である。

　もう一つ身近な例で考えてみよう。近年，日本では結婚の人気が前のように高くはなくなったが，婚姻は年間70万件（2010年，10年前より10万件減）を数える。一方，離婚は減少傾向にあるといっても年間25万件で，20歳未満で親の離婚に巻き込まれる子どもも年間25万人，100人に1人に上る。

　結婚や離婚，親子関係，相続など，人の一生における家族関係を規律し，家族のあり方を方向づける規範（ルール）の体系を「家族法」（民法の親族・相続編）と呼ぶ。男18歳，女16歳になっていること，他の相手と重なって結婚していないこと（重婚），近親婚でないこと，未成年者の場合は親の同意がいることなどの「実質的要件」と婚姻届が受理されることなどの「形式的要件」がそろって初めて「結婚」（法的には「婚姻」という）が国家によって承認される。親子関係についても，誰と誰が親子なのか，親子になる要件（条件）が家族法に規定されている。家族関係の形成・解

消の基準が画一的に法によって定められ，その要件を満たさなければ，事実上夫と妻としての共同生活を送っていても，法的な夫婦とは認められない。それらの関係は事実婚や内縁という概念となり，家族法の保護の対象外となってしまう。

　ところで，婚姻届を出す前に妊娠した場合に，子どもが生まれる前に式を挙げて婚姻届を出す人が結構多い。このような「できちゃった婚」を含めて，日本の社会では多くのカップルが「婚姻届」を出して結婚するのだが，なぜだろうか。それは，けじめをつけるという意味だけではなく，婚姻届を出さないと，国家＝法による保護が受けられないからである。結婚が法的に承認されて初めて，同じ名字（氏）になること，同居・協力・扶養の義務，子どもとの関係，財産関係，相続など，夫と妻の権利と義務が生じるのである。

　他方で，夫と妻でそれぞれ違う名字を選択したい人（夫婦別姓），法律婚をしない人（事実婚，内縁）や男女間ではない同性関係の人などの夫と妻としての共同生活は，法的に保護されないでよいかという問題も生じている。国家に縛られない生き方を自分で選んだのだから，法の保護は必要ないと言い切れるのだろうか。共同生活の実質が同じであったら，二人の関係を解消するときの財産分与など法律婚と同様に考えてもいいのではないか。また，たまたま生まれてきた子にとって，親が法律婚でないというので「婚外子」として相続分の差別を受けるのは合理的な区別といえるだろうか（民法第900条第4号但し書き）。このように，多様な考え方や生き方を縛っているのも，実は「家族法」という法なのである。

2. 働くことと法

(1) 働く女性の現状

　近年，働く女性が増えている。15歳以上人口中の就業者（有償労働の従

業者と休業者）および完全失業者を「労働力人口」という。「非労働力人口」には，15歳以上で仕事をしていない人，家事従業者（主婦），通学者（学生・生徒），退職者などが含まれる。「労働力率」とは，15歳以上の人口に占める労働力人口を指す。女性の労働力人口は約4割と増加の一途をたどっているが，女性の労働力率は48.5％で男性の71.6％と比べると依然として低い。日本の女性がどのくらい働いているか，年齢別の労働力率をグラフにしてみると，新卒時には労働力率が高いが，25～34歳の労働力率は他の年代と比較すると低く，その後上がって高齢になるとまた低くなる。諸外国と比較すると，日本と韓国の場合はM字型カーブを描いているのが，わかるだろう（図10-1）。多くの女性が育児や家事を理由にいったん仕事を辞め，子どもがある程度大きくなったら復帰するのが，日本の女性の働き方の特徴である。ただし，近年はM字の谷が浅くなってきているし，勤続年数も伸びている。

　近年の働く女性の特徴は次の5点にまとめることができる。

　第1に，**非正規雇用の増加**である。非正規雇用とは，正社員ではない雇用形態で，雇用期間を定めた有期契約や短時間労働などが特徴であり，パートタイマー，契約社員，嘱託，派遣労働者，アルバイトなど形態は多種多様である。2000年以降非正規雇用が増え，現在では雇用者の3分の1が非正規雇用者だといわれている。そのうち，7割が女性であり，パートタイマーが圧倒的に多い。以前は，夫に扶養されている主婦が家事・育児の合間をぬって家計補助的に働くのがパートタイマーの主流であったが，近年は初めて職に就くときからパートであるという女性は5割を占める（男性は3割）。主婦パートは小遣い稼ぎであるから，賃金は低くてもかまわないという考え方がいまだに通用しており，非正規の低い賃金ではとても生活が成り立たない。

　第2に，**男女間の賃金格差**が大きいことである。正社員の場合は少しずつ格差が縮まってきているが，それでもなお，男性を100とすると女性の

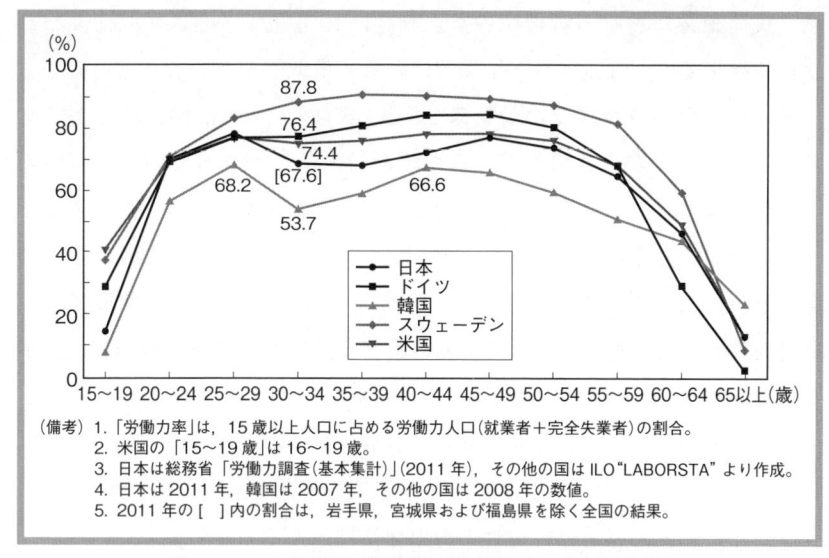

図10-1 女性の年齢階級別労働力率（国際比較）

（内閣府男女共同参画局：男女共同参画白書平成24年版）

（備考）1.「労働力率」は，15歳以上人口に占める労働力人口（就業者＋完全失業者）の割合。
2. 米国の「15～19歳」は16～19歳。
3. 日本は総務省「労働力調査（基本集計）」(2011年)，その他の国はILO"LABORSTA"より作成。
4. 日本は2011年，韓国は2007年，その他の国は2008年の数値。
5. 2011年の［　］内の割合は，岩手県，宮城県および福島県を除く全国の結果。

賃金は67.7にとどまる。大卒初任給の差は縮まってきたが，さまざまな職場・職種を経験することで訓練を受け，昇進試験を受けて昇進・昇格する男性と異なり，女性はずっと事務職のままで教育訓練の機会も少なく，その後の昇進・昇格で不利な状況に置かれること，管理職が少ないことで差がつくことや，**M字型就労形態**で示されているように，いったん退職しブランクの後再就職する女性が多いことなどが要因となっている。また，パートタイマーなど短時間労働者を含めて比較すると，男女格差はより拡大し，男性100に対して女性は52.9となる（2010年）。日本以外のいわゆる先進諸国と比較すると日本の男女賃金格差の大きさが際立つ。OECD（経済協力開発機構）加盟国では，正社員の女性の賃金は男性の8～9割を占め，低賃金層でも男女間格差は小さい。

第3に，女性が管理職に就く割合が低いことである。これは公務職場でも民間企業でも同じである。ちなみに，管理職とは普通，課長級以上を指

す。民間企業における管理職の女性割合は10％程度に過ぎず取締役など役員レベルでの女性割合は，国際的にみると最低水準といわれている。

　第4に，**ワークライフバランス**（仕事と家庭の両立）が困難なことである。子育てしながら仕事を続けるための労働条件が整っていないといえる。最もわかりやすいのが，出産後に退職する女性が6割以上を占めることだ。**育児・介護休業法**制定後，年々職場環境は改善されており，多くの働く女性たちが育児休業を取得しているが（87％），それも産休取得後に職場復帰した女性を母数としているに過ぎず，出産で仕事を辞める女性が多いことに注目すべきであろう。法に定められた産休すらない企業があり，妊娠を告げると退職させられることも珍しくない。一方，男性の育児休業利用者が徐々に増えているとはいえ，まだ2％前後に過ぎず，「イクメン」といわれるほどには男性の育児休業は進んでいない。

　第5に，職場環境の問題としてハラスメントが減少しないことである。セクシュアル・ハラスメント（セクハラ）に加えて，パワー・ハラスメント（パワハラ）＝職場の権力を乱用したいじめが目立って増えている。今までは賃金や労働時間が中心だった労働条件で，現在最も問題になるのは「人間関係」だともいわれている。

（2）働く女性を守る法の体系
1）女性の労働権の保障

　日本国憲法第27条は，すべての国民に対して勤労の権利と義務を規定するとともに，賃金や就業時間，休息その他の勤労条件の基準は法律で定めるとしている。その前提として，日本国憲法は個人の尊厳（第13条）および健康で文化的な生活を営む権利を保障する生存権（第25条）を定めると同時に，性別により差別されないとする男女平等を規定している（第14条，第24条）。性別にかかわらず働いて生活することは，大切な個人の権利なのである。さらに，職業生活と家庭生活・社会生活を調和して働く権

利がすべての人に認められている。妊娠・出産機能をもつ女性には，母性が尊重されて健康に働く権利が保障されている。

これらの権利は，**国連女性差別撤廃条約**（1979年採択，1985年日本政府批准）および**ILO**（国際労働機関）**家族的責任条約**第156号（1981年採択，1995年日本政府批准）などで明確にされ，日本の国内法も改善・強化されてきた。家族的責任条約では家事や育児，介護など家族的責任を有する「男女労働者」が仕事と家庭を調和し，差別されることなく働けるように定めており，日本では男女とも育児休業や介護休業を取ることができる「育児・介護休業法」が制定されている。

国内法では，労働者の保護に関する基本的な法律として「労働基準法」（1957年制定）があり，男女平等に働く権利に関しては「男女雇用機会均等法」（1985年制定）がある。ただし，男女同一賃金原則については労働基準法に規定されている（第4条）。さらに，育児や介護を行う労働者の権利については前述の育児・介護休業法が規定し，非正規雇用については「パートタイム労働法」（1993年制定），「労働者派遣法」（1985年制定）などで規定している。

女性の妊娠・出産機能の保護と男女平等に働く権利については常に対立的に捉えられてきた。1997年改正までは，労働基準法には産前産後休暇や生理休暇などの「**母性保護**」規定があり，女性保護がある以上，男女平等の取り扱いは無理であるとされてきた。また，出産機能が直ちに育児・家事責任に結びつき，女性労働者は結婚や出産ですぐ辞めたり休んだりして効率が悪い上に企業貢献度が低く，終身雇用が前提の男性とは同じ扱いができないとされてきたのである。しかし，国連女性差別撤廃条約では，生殖機能保護は男女共通であること，母性保護は妊娠・出産に限定し強化すること，子どもの養育は男女および社会が責任を負うことを明記し，性別役割分業の改革を強調した。日本の労働法においても，妊娠・出産機能を持つことで女性が弱者とされてきた考え方を否定し，女性の妊娠・出産

という身体機能の保護を強化しつつ，男女とも同質の労働者として男女平等が具体的に規定されるようになった。

2）労働基準法

労働基準法は第二次世界大戦前の過酷な労働条件（小林多喜二の小説『蟹工船』など）の反省の下に，労働者保護の基本的な仕組みとして1947年に制定された。使用者の都合で酷使されないように，言いかえれば，人間らしい生活が送れるように，労働時間や賃金，休暇，退職手続などの労働条件の最低基準を定めている。使用者は労働基準法を下回らない労働基準を定める「就業規則」を労働基準監督署に届出なければならない。最低基準に違反した場合，労働基準法により使用者は処罰される。最も問題になるのは，残業であろう。労働基準法で労働時間は1日8時間，1週40時間，1週に1回の法定休日が定められており，使用者はそれ以上働かせてはならない。ただし，使用者と労働組合間の「労使協定」で定められた時間外労働は例外として認められる（労働基準法第36条に基づくのでサブロク協定という）。なお，時間外労働は1週15時間，1か月45時間など限度が決められており，時間外・休日労働には一定の割増賃金が支払われる。日本では**男性の長時間労働**がなかなか改善されず，過労死が問題となっているが，健康を守るために，また，ワークライフバランスを保障するためにも，労働時間の短縮や休日の確保が望まれる。近年は「ノー残業デー」を実施する企業も増えてきた。

3）男女雇用機会均等法

1985年，国連女性差別撤廃条約批准とともに，職場の男女平等を進めるために「男女雇用機会均等法」（以下，均等法と略す）が制定された。それまでは，弱い性としての女性保護を規定した労働基準法では，「男女同一賃金」以外の女性差別については何ら規定していなかった。その均等法も制定当初は，定年，退職，解雇など一部を除いて差別禁止を明記せずに努力義務にとどまっており，実効性のない「ざる法」と呼ばれるほどで

あった。しかし，1997年法改正により，募集・採用，配置，昇進・昇格，教育訓練，福利厚生，退職，定年，解雇の雇用のすべてのステージでの女性差別を禁止するに至った。さらに，1997年改正では，女性だけが対象であった残業や深夜勤の規制を廃止し，育児など家族的責任を有する労働者の深夜勤免除を男女共通に定めた。均等法は女性に機会を与えるという名目で女性差別だけを問題にしていたが，2006年法改正によって男性も対象となった（片面性の解消）。したがって，男性に対するセクハラも均等法規制の対象となる（第11条）。また，2006年法改正により，婚姻，妊娠・出産を理由とした不利益取り扱いを禁止した。それまでは解雇だけが禁止されていたが，産休後，元の職場に別の労働者が配置されていて，元の職への復帰ができないなども禁止される。

　しかし，均等法や育児・介護休業法など，法制度の改善が進んできたにもかかわらず，（1）で述べたように，男女賃金格差は縮まらない。また，同様に，出産を機に会社を辞める女性が多いだけではなく，法で定められた産休や育児時間短縮制度を利用したところ賞与を減額された例もある。ある裁判では，男性と同じ業務を行っているにもかかわらず昇進・昇格の差が広がるばかりで賃金差も大きいことを，女性社員が男女差別として訴えた。そのような差別が行われる要因として指摘されているのが，均等法自体ではなく，厚生労働省が定める均等法の「指針」にある**「コース別雇用管理」**制度である。男女差別は禁止されているが，企業は職種や雇用形態，資格等で男女にかかわりなく「雇用管理区分」を定めることができるとした。例えば，総合職といった同一の雇用管理内での男女差別は禁止されるが，「雇用管理区分」が異なれば均等法の差別禁止の対象にならないとしている。「雇用管理区分」とは，いわゆる「総合職と一般職」，フルタイムとパートタイムなどのことである。転勤の有無などの違いで区別しているだけで，性別にかかわりないように見えるが，実際には総合職はほとんど男性，一般職はほとんど女性という区別がある。女性であることを理

由とした直接の差別ではないが，性別役割分業を前提にし，結果的には女性に不利になる間接的な差別ではないかと問題になっている[2]。

3. 暴力と法

（1）女性に対する暴力の現状

女性に対する暴力が女性の人権問題として注目されるようになったのは，最近のことである。1980年代以降，国際社会では女性の人権問題の中心課題として取り組まれるようになり，1993年，国連総会で「女性に対する暴力撤廃宣言」が採択された。日本でも1990年代末頃から政策課題に登場し，1999年，内閣府により日本で初めての女性に対する暴力全国実態調査が行われた[3]。

「女性に対する暴力」とは，性暴力，ドメスティック・バイオレンス（以下，DV），交際相手からの暴力，子どもへの性虐待，買売春，人身取引，**セクシュアル・ハラスメント**，ストーカー，痴漢，盗撮，ネット上での裸体像提示などを指す。刑法上の犯罪である「強姦」や「強制わいせつ」およびDV，ストーカー等，規制する法律がある場合はデータも明らかになっているが，その場合でも暗数が多いといわれている。

最新の上記の内閣府調査（2011年）では，夫からの暴力（DV）を受けたことのある20歳以上の女性は33％，DVで「生命の危険を感じた経験」をした女性は20人に1人である。また，交際相手からの暴力被害（デートDV）を受けたことのある女性は13.7％，異性から無理矢理性交された経験（性暴力）のある女性は7.6％で，そのうち加害者と面識のあったのは約4人に3人であった（図10-2）。性暴力の加害者は見知らぬ他人であり，暗い夜道で突然襲われるという「**強姦神話**」（思い込み）が覆される結果となっている。

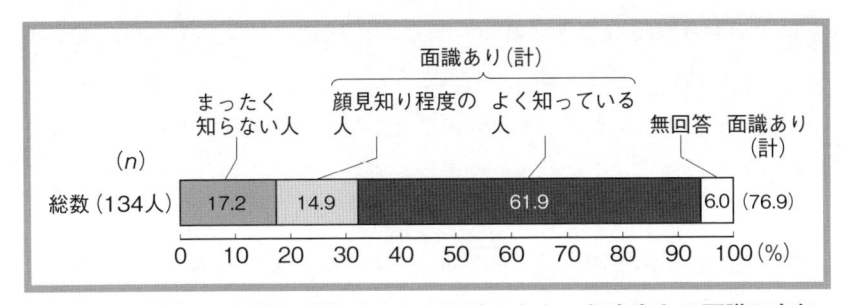

図10-2 異性から無理矢理性交された経験のうち，加害者との面識の有無
（内閣府男女共同参画局：男女間における暴力に関する調査報告書，2012）

（2）セクハラへの法的対応

　セクハラは強姦から言葉による性的嫌がらせまで幅が広い。つまり，刑法で犯罪とされる強姦，強制わいせつを含むとともに，セクハラすべてが犯罪となるわけではない。一方で，強姦罪に当たる行為であっても，加害者が職場や大学の上司や同僚，教員，先輩・同級生などでなければれっきとした犯罪になるのに，セクハラの場合は，被害者が告訴しにくいがゆえに犯罪にならずにすむ場合があるという矛盾がある。強姦は刑法上「親告罪」で被害者が告訴して初めて検察官が公訴提起できるのであり（第180条）[4]，ただでさえ性的被害は「恥じ」ととらえられ，沈黙を守る被害者が多いのに加えて，上司や指導教員などに対して告訴するのはいっそうためらわれ，難しい。さらに，セクハラは密室で行われることが多く，当事者の言い分が異なるので事実認定が難しいという問題がある。

　セクハラについては，1997年改正均等法で事業主の防止・対応義務が初めて法律上に規定された。2006年改正均等法では事業主の防止・対応義務が強化され，配慮義務から措置義務になった。事業主は，セクハラを防止し，セクハラ被害の訴えがあったときには相談に応じ，適切かつ迅速な対応をしなければならない。対象となるのは，通常働いている職場だけではなく，取引先の事務所や取引先と打ち合わせを行う飲食店，顧客の自

宅などで起きた場合も含まれる。また，正社員のみならず，パートタイマーや契約社員，派遣労働者も対象となる。すでに述べたとおり，男性へのセクハラも対象になる。さらに重要なのは，被害者が訴え出たことで不利益を被ったり，プライバシーが暴露されてはならないとしていることである。

　均等法のセクハラの定義は，性的な言動に対する被害者の対応（性的行動を受け入れたか，拒否したか）によって，被害者が解雇，降格，減給などの不利益を受ける「対価型」と，性的言動によって職場の環境が不快になり，悪影響を与える場合を指す「環境型」に分けられているが，現実には両者は判然と区別がつくものではない。これがセクハラに当たるかどうか確信がないという場合も含めて，相手の性的言動により不快に感じたり，苦痛を覚えたり，職場や学校に行きづらくなった場合は，相談したほうがよい。セクハラのポイントは，そういうつもりではなかったなど相手の意図がどうであれ，被害者が不快に思うか，苦痛を感じるかである。もちろん，処分は公正な事実の認定に基づき行われなければならない。

　多くの大学でもセクハラの取組みは行われているが，相談窓口での二次被害や適切な対応が行われないなど，問題は多い。大学にセクハラのガイドラインや相談窓口があるか，どのような解決方法が定められているか，教職員や学生への研修がきちんと行われているか，確かめてみる必要がある。大学ではセクハラ以外にアカデミック・ハラスメント（アカハラ）も増加傾向がみられ，ハラスメント全般に対応する仕組みを整備している大学も増えてきた。

（3）児童虐待

1）増え続ける児童虐待

　児童虐待件数が増加の一途をたどっている。2010年度に全国の児童相談所で受け付けた相談件数は5万6千件を超え，日本で初めて統計を取っ

た1990年度に比べて50倍以上となっている (p.63, 図6-3参照)。また, 親からの虐待によって死亡した子どもの数は毎年50件程度で推移し, 2010年には47件, 49人の子どもが虐待死している。問題なのは, 児童相談所の関与があったにもかかわらず, 死亡した事例が増加していることである。また, 0歳から5歳の幼い子どもが犠牲になるのが約9割を占め, 主たる虐待者は実母が最も多い。実父母が揃っている家庭や経済的困難を抱えた家庭での虐待死も増加しており, 地域社会との接触がほとんどないという社会的孤立も目立つ。

2) 児童虐待への法的対応

児童虐待はDVと同じく新しい問題ではない。親のしつけや体罰として事実上容認されてきた面があり, アメリカの医師が1960年代に再発見するまで潜在化していた。最初は虐待される子どもの側に, 虚弱児であること, 親になつかないなど問題があると考えられていたが, そうではなく加害者である親の問題であると捉え直されていった。

日本では第二次世界大戦直後の1947年に制定された「児童福祉法」で対応が行われてきたが, 児童虐待の定義や手続き等を整備するために, 2000年新たに**「児童虐待の防止等に関する法律(児童虐待防止法)」**が制定された。児童虐待防止法によると, 児童虐待は身体的虐待, 性的虐待, 心理的虐待, ネグレクト (養育放棄・怠慢) の4類型に分類されている (第2条)。2004年改正で, 親のDVの目撃も心理的虐待に定義された。実際に多いのは, 身体的虐待, ネグレクト, 心理的虐待, 性的虐待の順である。

児童虐待への法的対応のポイントは, 予防, 発見, 介入そして保護の4段階であり, 最終的には親との再統合を目指す。

児童虐待への法的対応は複雑で, 四元構成になっている (児童福祉法, 児童虐待防止法, 民法, 刑法)。まず, 児童福祉法では対応の中心機関として児童相談所が定められており, 虐待を発見したすべての国民は児童相談所や福祉事務所に通告する義務を負う (第25条)。しかし, 義務違反は問

われず，間違っていたら困ると考えたり親の仕返しが怖いなど，通告をためらう人が多い。そこで，児童虐待防止法では「虐待を受けたと思われる児童を発見した」場合と範囲を拡大した（2004年改正）。また，早期発見の努力義務をもつ人の範囲を学校，児童福祉施設，病院および教職員など「発見しやすい」専門職に限定するとともに，刑法の守秘義務を免除して早期発見体制を整備した（児童虐待防止法第5条，第6条）。

虐待の発見や通報があると，児童相談所は情報収集を行い，児童虐待のおそれがあるときはその家への立入調査を行う。そして，児童相談所長が必要があると認めるときは，子どもを親から分離して一時保護を行う（児童福祉法第33条）。そして，一定期間親と離れて，里親や施設などでケアを受けながら生活するか，親のもとに帰すか，援助方針を決定する。

しかし，親の意思に反して，里親委託や施設（児童養護施設など）への入所措置はできないのが原則である（児童福祉法第27条第4項）。だが，強制的に親から離さないと危険な場合がある。その場合は，親の同意がなくても，家庭裁判所の審判で里親委託や施設入所措置を取ることができる（児童福祉法第28条審判）。また，最終手段として，児童相談所長などは親権喪失宣告請求を行い，親の権利・権限を全面的に剝奪することにより，子どもを守る場合もある（児童福祉法第33条の7，民法第834条）。

全面的に親権を剝奪する親権喪失宣告は「伝家の宝刀」といわれ，従来，ほとんど使われなかった。"All or Nothing"であり，児童相談所長も将来的な親と子との関係を考えると請求しにくいものであったといえる。そこで，2011年の民法改正で，2年間に限定した「親権停止制度」が導入された。親権喪失宣告請求できる人の範囲も拡大し，子の親族，検察官に加えて，子ども自身や未成年後見人も請求できることになった（民法第834条の2）。

刑法上の犯罪に該当する虐待は少なくない。殺人，傷害致死，傷害，暴行，強姦，強制わいせつなどが当てはまる。ただし，刑法には「近親姦」

の規定がないことが問題である。親が子を強姦するには「暴行・脅迫」は不要であること，子が親を告訴することは難しいことを考えると，刑法強姦罪（第177条）の暴行・脅迫の構成要件を外し，量刑を重くすべきである。

3）児童虐待はなぜ少なくならないのか

児童虐待がこれほど多いのは，児童虐待を生む土壌があるからだと考えるべきであろう。体罰が容認され，たたいて子どもに言うことをきかせるという子育てがまだ横行している。

しつけと虐待の境界線が不明確だという見解もあり，体罰を愛の鞭といって肯定する人が少なくない。確かに，暴力をふるえば言うことをすぐきくので，即効性があるかもしれない。しかし，DVと同じく，暴力で相手を意のままにするのは，力による支配そのものであり，子どもの自立を促すために行われる「しつけ」とは異なる。しつけは子どもを信頼して人権を尊重する教育的営みである。そして，そのような体罰，虐待肯定論の背景にあるのが，親の「**懲戒権**」である（民法第822条）。民法懲戒権規定の廃止をまず行うべきである[5]。

このように，私たちの暮らしはさまざまな法によって守られている。まず，法に関心をもち，法を知ることからはじめよう。

【引用文献】
1）渡辺洋三：法を学ぶ，岩波書店，1986，pp.2-3.
2）竹信三恵子：ルポ賃金差別，筑摩書房，2012，pp.54-60.
3）内閣府男女共同参画局：男女間における暴力に関する調査報告書．（1999年以降，3年に一度全国調査が実施されている）
4）吉川真美子：女子のための「性犯罪」講義，世織書房，2010，pp.37-41.
5）川崎二三彦：児童虐待—現場からの提言，岩波書店，2006，pp.39-42.

第11章 生活の安全と安心

　生活の中で安全でなければならないことは数多くあるが，ここでは最も直接的な事柄として食生活，特に食品の安全性について取り上げる。食の安全性は最も重要なことの一つであるが，科学的でない感情が優先し，いわゆる風評被害に陥ることが少なからずある。それを防ぐには，まず正しい情報をもとに消費者にわかりやすくメッセージを送り続けることが必要である。ここでは食べ物の安全と安心の概念，微生物性および自然毒による食中毒，食品の放射能汚染，衛生管理，リスク分析について取り上げる。

1. 食べ物の安全と安心の概念

（1）安全と安心

　「安全・安心」という言葉がよく使われるが，安全と安心は意味の違う言葉である。近年，新聞やテレビなどで"また，食品の安全・安心が脅かされました"と報道され，内容は安全とはかけ離れた産地偽装の問題だったりすることがしばしばある。

　例えば，千葉県産のキャベツを静岡県産と称して販売した場合，それは偽装であることは間違いなく，非常に不愉快な話である。しかし，安全性に関しては全く同じではないだろうか。食品に何らかの食品添加物を使用する場合の安全性は，種々の動物試験や細胞試験などを中心とした毒性試

験や食経験など多くの事項を勘案して安全と判断されている。しかし，安心は人の心の問題であり，"いくら毒性試験で安全性が確認されているといっても，昔から食べられているといっても，自分は心配だ"と安心感をもたない人もいるに違いない。

　人の気持ちは各人によって大きく異なり，大半の人が全く気にせず日常食べているものでも安心できず気にしながら生活している人もいる。

　食品の安全性を考える場合，最も重要なことは，すべての化学物質は安全ではなく，摂取量によって安全か否かは決まるということである。

　例えば，当たり前に摂取している食塩，砂糖や，極論すれば水にも水毒という言葉があるように量によっては人命にかかわることもある。

　一方，微量の放射線は有史以来浴びているものであるし，毒性の強いといわれるダイオキシンも魚介類や肉類を通して微量摂取しているが問題にならない。安全性はどんな物質でも摂取する量によって決まるものである。人は毎日食事をしないと生命が維持できない。安全性に関しては感情でなく，正確な情報を得て科学的に判断する必要がある。

（2）食べ物とは

　現在，私たちはいろいろな動植物を食べ物として食べているが，どのようにして一部の動植物を食べ物として認めたのだろうか。初めにナマコを食べた人はどんな思いで食べたのだろう。最初に食べた人は餓死寸前の人か篤志家だっただろうか。人類は大昔から人が食べたり，動物に食べさせたりしながら，多くの犠牲を払って食べられるものと食べられないものを判別し，伝承してきた。

　近年は食経験のほかに毒性学が進歩し，動物実験や種々の**毒性試験**により判断する手法が中心になってきた。しかし，食品は単一成分ではなく多くの成分で構成されており，その中には食品の香りや風味に関係ある**揮発性物質**や不揮発性の微量成分を含めると，おそらく多くの食品は1,000種

類以上の物質で構成されていると考えられる。それらの成分の中には当然、体に効果的に利用される物質も存在するが、量が多いと毒性を示すと考えられるものも少なからずある。したがって食べ物の安全性を考える場合、存在する物質の毒性の強さと摂取量の両方を勘案して判断する必要がある。微量の毒性物質が検出されたからといってすべて問題にしていると、食べるものはなくなるかもしれない。

2. 食中毒

　食べ物による危害を考える場合、最も重要なことは食中毒である。食中毒の原因は一般には微生物性と自然毒、化学物質に分類される。また、微生物性は細菌性とウイルス性に分類される。

(1) 細菌性およびウイルス性食中毒

　細菌性食中毒の中で件数、患者数からみて重要と思われるのはサルモネラ、腸管出血性大腸菌、カンピロバクター、腸炎ビブリオ、黄色ブドウ球菌、ボツリヌス菌、ノロウイルスなどである。その他、欧米で問題となっているリステリア・モノサイトゲネスなどのように、諸外国で大きな問題になっている食中毒に関しても、輸入食品の占める割合が多いことから十分に関心をもつ必要がある。

　食中毒は10^5〜10^6程度の菌量がないと発症しないと考えられていたものが、サルモネラ、腸管出血性大腸菌、カンピロバクター、ノロウイルスなどはごく少量の菌数で発症することがわかってきた。

　食品を取り扱う人は表11-1に示すように代表的な食中毒起因菌の主な分布を知ることで、ある程度の対策は考えられる。ただし、ノロウイルスはかきをはじめとする二枚貝の摂取によるものと考えられていたが、人の腸管のみで増殖し、人から人への感染も多いこともわかってきた。外

表11-1 主な微生物による食中毒の概要

微生物		潜伏時間(通常)	主症状	おもな分布
細菌性食中毒(感染型)	サルモネラ	6～48時間(12～24時間)	発熱, 下痢, 腹痛, 吐気	家畜, 家禽, 食肉, 卵, 魚介類
	カンピロバクター	1～7日(2～3日)	下痢, 腹痛, 発熱, 吐気(ギランバレー症候群)	家畜, 家禽, 食肉
	ウェルシュ菌	4～22時間(8～12時間)	下痢, 腹痛	家畜, 家禽, 土壌, 魚介類, 食肉
	エルシニア	1～3日	下痢, 腹痛, 発熱, 吐気	家畜, ペット, 食肉, 河川
	腸管出血性大腸菌	1～7日	下痢, 腹痛, 発熱(溶血性尿毒症候群)	家畜, 食肉
	その他の病原大腸菌[1]	6～72時間	下痢, 腹痛, 発熱	ヒト, 家畜, ペット, 食肉, 魚介類, かき, 井戸水, 河川
	腸炎ビブリオ	4～48時間(12～18時間)	下痢, 腹痛, 発熱, 吐気, 嘔吐	海水, 海泥, 魚介類
	非O1コレラ菌	1～5日	下痢, 腹痛, 吐気	河川, 河口, 魚介類
細菌性食中毒(毒素型)	ブドウ球菌	2～6時間(3時間)	吐気, 嘔吐, 腹痛, 下痢	ヒト(鼻前庭, 手指, 頭髪など)化膿巣, 動物, 食品
	セレウス菌[2]	1～5時間(2～3時間)	吐気, 嘔吐, 腹痛	土壌, 穀類, 豆類, めん類
	ボツリヌス菌	12～96時間(18～36時間)	復視, 嚥下困難, 失声, 呼吸困難など	土壌, 魚介類, 動物, いずし
ウイルス性食中毒	ノロウイルス	8時間～4日(24～48時間)	吐気, 嘔吐, 下痢	かき, 二枚貝, ヒト
原虫性食中毒	クリプトスポリジウム	2～14日	下痢, 軽度の発熱	動物, 飲料水
	サイクロスポーラ	1～23日	水様下痢	動物, 果物

注1) 毒素原生大腸菌, 組織侵入性大腸菌, 病原大腸菌(血清型)
 2) セレウス菌食中毒は毒性型食中毒のほかに, 下痢を主症状とし, 潜伏時間が12～24時間の感染型食中毒に分類されるものもある.

(太田房雄, 西島基弘編著:管理栄養士講座 食品衛生学〔第2版〕, 建帛社, 2008, p.43)

出から帰ってきたとき，料理をするとき，食べる前の手洗いはきわめて重要である。食中毒の防止はよくいわれているように"付けない，増やさない，殺す"が原則である。

家庭においては二次汚染の防止が最も重要である。まな板には目に見えない溝がきわめて多く，その溝に微生物とともに魚や肉の体液が入り込むと，熱や塩素剤，光に対して微生物の保護作用を示す。したがって，いずれも十分に熱湯をかける，日光で乾燥させる，塩素剤等の薬液をかけた後には，しばらく放置することが必要である。その他の調理用具も同様に十分に殺菌することや冷蔵庫内での二次汚染にも配慮が必要である。

(2) 自 然 毒

自然毒は動物性と植物性に分けて考えられる。

1) 動物性自然毒

動物性の食中毒で，**フグ毒**によるものは年間30件程度発生しており，毎年死者が出ている。その原因の大半が素人料理によるものである。

ふぐは種類によって可食部位や毒性が異なるほかに，季節や捕獲された海域によっても毒の強さが異なるので，素人料理は避ける必要がある。

わが国では渦鞭毛藻（プランクトンの一種）の大量発生により，ほたて貝やかきなどの二枚貝の毒化が問題となった。しかし，麻痺性貝毒や下痢性貝毒に関しては食品衛生法で規制値が定められ，産地で規制値を超えると出荷規制をするようになり中毒はほとんど見られなくなった。

厄介なものに**ヒスタミン中毒**がある。あじ，さば，かつお，めばちまぐろなどにヒスタミン産生菌が着生すると，成分のヒスチジンがヒスタミンに変化することによる。学校給食などでもしばしば問題になり，捕獲から摂食するまでの管理をさらに注意する必要がある。

2) 植物性自然毒

植物性自然毒はじゃがいもの**ソラニン**に代表される。じゃがいもの発芽

部分は常識的に除去されて食べられるが、毎年といっていいほど小学校の1～4校で食中毒が発生している。これは学校教育の一環としてじゃがいもを育てて、収穫して食べることによる。発芽部分と緑化した部分にはソラニンやこれと同程度の毒性を有するチャコニンがある。

その他の植物性の食中毒に関しては、大半が食べられる植物と有毒植物との誤認である。キノコによる食中毒は、秋に集中するが毎年25～75件、患者数で100～300人程度である。原因はツキヨタケ、クサウラベニタケ、カキシメジで全体の6割を占める。素人判断はせず、よく知っている人の確認が必要である。

3）化学性食中毒

過去には器具・容器から溶出したスズや銅、亜鉛などの有害性金属に起因した事例があったが、1989年以降は発生していない。ヒ素やタリウムなどによるものはいずれも犯罪として解決している。

一方、農薬に関して不安視している人もいるが、市販農産物の残留農薬による事故はない。しかし、農薬を散布するときには十分留意することは必要である。

3. 食品の放射能汚染

2011年3月の原子力発電所の事故により、**放射能汚染食品**に対して関心をもつ消費者が多くなった。

日本人が1年間に受ける被ばく量の概略を図11-1に示す。

放出された放射性物質の食品摂取によると考えられる**内部被ばく**は、^{131}I（ヨウ素）と^{134}Cs（セシウム）、^{137}Cs、^{90}Sr（ストロンチウム）、^{106}Ru（ルテニウム）である。^{131}Iは半減期が8日であるため、1年以上経過した時点では問題にならない。^{134}Cs、^{137}Cs、^{90}Srおよび^{106}Ruの食品摂取による内部被ばく量の寄与率はそれぞれ25.9、64.6、5.2および4.3％である。また、

3. 食品の放射能汚染

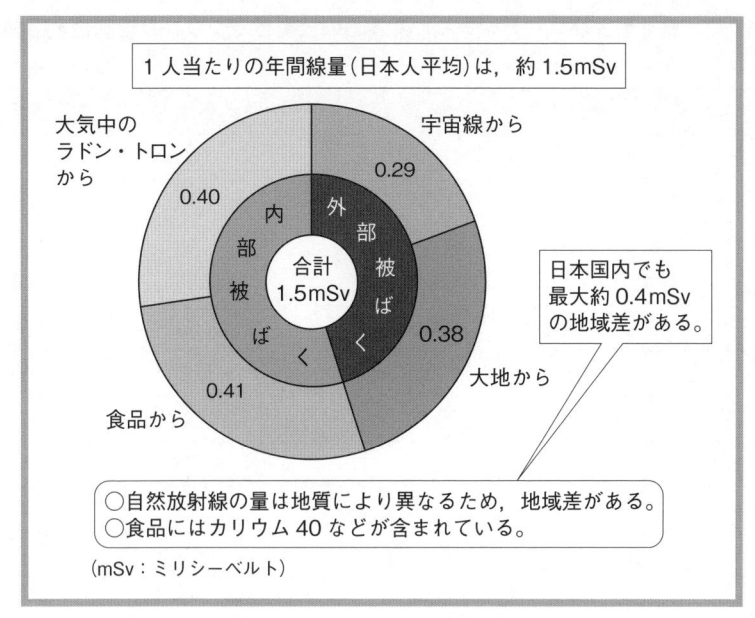

```
1人当たりの年間線量（日本人平均）は，約1.5mSv

大気中の
ラドン・トロン
から          宇宙線から
0.40          0.29

  内    外
  部    部
  被    被
合計 ば   ば
1.5mSv く  く

              0.38
0.41          大地から
食品から

日本国内でも
最大約0.4mSv
の地域差がある。

○自然放射線の量は地質により異なるため，地域差がある。
○食品にはカリウム40などが含まれている。

(mSv：ミリシーベルト)
```

図11-1 日本人の年間被ばく量

（放射線医学総合研究所，2007）

市販品の調査結果からみても ^{134}Csおよび^{137}Cs以外はほとんど検出されないことから，寄与率の大きい^{134}Csおよび^{137}Csを中心に測定が行われている。

（1）食品の放射能の規制値

Bq（ベクレル）という単位が使用される。これは放射能の強さを表す単位であり，1ベクレルは1秒間に1個の原子核が崩壊して放射線を出す放射能の強さのことである。1**シーベルト**（Sv）は放射線を浴びたときの人体への影響度を示す単位である。

食品中の放射能汚染はこのベクレルという単位で各国に規格がある。世界の規格の状況を見ると表11-2に示すとおり，国により異なっている。

日本が諸外国やコーデックスより厳しい基準値であることがわかる。こ

表11-2　日本およびコーデックス，諸外国の放射性セシウムの規制値・指標値

(単位：Bq/kg)

国名等	飲料水	牛乳	一般食品	乳児用食品
日本	10	50	100	50
コーデックス	1,000	1,000	1,000	1,000
EU	200 (1,000)[1]	200 (1,000)[1]	500 (1,250)[1]	200 (400)[1]
	600[2]	370[2]	600[2]	370[2]
アメリカ	1,200	1,200	1,200	1,200
カナダ	100[3]	300[3]	1,000[3]	――
韓国	370	370	370	370
香港	1,000	1,000	1,000	1,000
タイ	500	500	500	500
中国	――	330[4]	（野菜類）210[4] （穀類）260[4] （肉・魚・甲殻類）800[4] （芋類）90[4]	――
台湾	370	370	370	370
ロシア	――	100[5]	（食肉）160[5] （ジャガイモ）120[5] （魚）130[5] （キノコ）500[5] （米を含む穀類）70[5]	――

1）EUの上段の数値は日本からの輸入食品に適用される。カッコ内の数値は2011年4月12日改訂前の数値。
2）EUの下段の数値はチェルノブイリ原子力発電所事故の影響を受けた国からの輸入食品に適用される。
3）^{137}Cs と ^{134}Cs の両核種個別にこの数値を示す。
4），5）制限濃度は ^{137}Cs のみに適用される。
(厚生労働省，農林水産省，アメリカ食品医薬品局（FDA），カナダ保健省，中華人民共和国衛生部，ロシア連邦医療生物学庁)

れに対して専門家からも種々の意見があるが、厚生労働省がこの基準値を出した根拠は、**暫定基準値**に適合していた食品は、健康への影響はないと一般には評価されていた。しかし、より一層、食品の安全性と安心を確保する観点から暫定基準値で許容していた年間線量5ミリシーベルトから年間1ミリシーベルトに基づく基準値に引き下げた。年間1ミリシーベルトとするのは食品の国際規格を作成している**コーデックス委員会**の現在の指標で、年間1ミリシーベルトを超えないように設定している。さらにモニタリング調査の結果で、多くの食品からの検出濃度は、時間の経過とともに低下傾向にある。そしてこれらを根拠に、特別な配慮が必要と考えられる「飲料水」、「乳児用食品」、「牛乳」は特別に区分して、それ以外の食品を「一般食品」とし、全体で4区分とした。

　「飲料水」についてはすべての人が摂取し、代替がきかず、摂取量が多い。さらにWHOが飲料水中の放射性物質の10 Bq/kgを提示していることや、水道水中の放射性物質は厳格な管理が可能であることから10 Bq/kgとした。「乳児用食品」については食品安全委員会が小児の器官については、感受性が成人より高い可能性があることから一般食品の1/2に相当する50 Bq/kgとした。「牛乳」についても同様に一般食品の1/2に相当する50 Bq/kgとした。「一般食品」はコーデックス委員会などの国際的な考え方との整合等を考慮して100 Bq/kgとした。わが国の輸入品の占める割合が約50％であるため国内の食品がすべて汚染されているという仮定で基準値を設定していることから、きわめて厳しい基準値となった。

(2) 市販食品の放射能汚染実態

　原子力発電所の事故より6および8か月が経過した2011年9月と11月に購入した食品からの放射性物質の摂取量推計は図11-2に示したとおりである。事故当初は牛肉など暫定基準値を上回ったものがマスコミから報道されたが、2012年1月以降の地方衛生研究所等の官公庁の調査結果と

食品の新基準値を比較すると基準値を上回っているものは見当たらない。

さらに，^{134}Csや^{137}Csは徐々に減少することや2012年1月以降の各地方衛生研究所の調査結果で違反がなかったこと，また^{131}Iの半減期が8日であることを勘案すると寄与率は0であり，セシウムの寄与率もさらに減少していると考えてよい。したがって，われわれが食品から摂取している放射性物質のほとんどが表11-3で示したようにカリウム由来の自然放射線といえる。

農産物の産地で放射能の汚染調査を行い自主規制をしていることや，都道府県の放射能汚染調査結果を勘案して，現在市販されている食品は放射能汚染という観点からは安心して摂取して大丈夫と考えてよい。

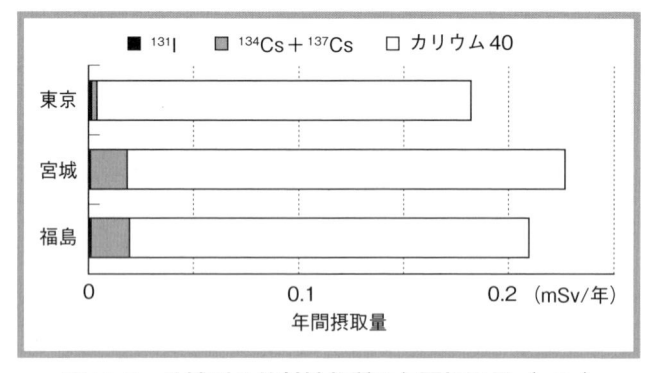

図11-2 地域別の放射性物質の年間摂取量（mSv）
（厚生労働省：http://www.mhlw.go.jp/stf/shingi/2r9852000001yw1j-att/2r9852）

表11-3　通常の食品に含まれる放射性物質（カリウム40）　　（単位：Bq/kg）

食品名	放射能	食品名	放射能	食品名	放射能
干し昆布	2,000	ほうれん草	200	食パン	30
干し椎茸	700	牛肉	100	ワイン	30
お茶	600	魚	100	ビール	10
ドライミルク	200	牛乳	50	清酒	1
生わかめ	200	米	30		

※カリウムは，ナトリウムの排泄を促し血圧の上昇を抑制するなど，健康を保つのに必要なミネラルである。
　カリウムは自然界に存在し，動植物にとって必要な元素であり，その0.012％程度が放射性物質であるカリウム40である。

（放射線医学総合研究所）

4. 衛生管理

(1) HACCPの考え方

　従来，食品の品質管理の考え方は，最終製品について細菌検査，化学検査および官能検査を行い，合格と判断されれば出荷するというものであった（ファイナルチェック方式）。しかし，この方法は製品のすべてが合格品であることを保証するものではない。また，不良品が発生した場合の原因究明に時間がかかるなど問題があった。

　厚生労働省が取り入れている**HACCP**（ハサップ；HAは危害分析，CCPは重要管理点と訳されている：hazard analysis and critical control point）は，1960年米国NASAアポロ計画に伴い，宇宙食の安全性を保証するために開発された食品衛生管理手法である。

　HACCPシステムは，製品の最終検査のみに基づく品質管理に代わるプロセスチェック方式で，コーデックス委員会ではHACCPシステムを「科学に基づいた系統的なシステムであり，食品の安全性を確保するための特定の危害及びその危害をコントロールするための手法を明らかにするもの

である。HACCPは最終製品の試験に依存するのではなく，むしろ防止に重点を置いた，危害を分析し管理するシステムを構築するための手段である」と定義づけている。

食品の生産から製品の製造・加工，保存，流通を経て最終消費者の手に渡るまでの各段階で発生する恐れのある微生物危害（病原微生物および腐敗・変敗微生物），化学的危害および物理的危害について調査・分析し，その評価を行い，危害を防止するための監視を行うことにより，食品の安全性，健全性および品質を確認するための計画的な監視方式である。現在，HACCPシステムは最も合理的な食品衛生管理手法として国際的に認められている。

（2）日本におけるHACCP

日本では製造基準が規定されている一部の食品を対象に「総合衛生管理製造過程」として法的に導入されている（表11-4）。厚生労働省は，これら以外の食品の製造管理にもHACCPシステムの導入を推奨していることから，多くの食品企業が取り入れている。

厚生労働省では集団給食施設，弁当屋・仕出屋などの営業施設の監視指導の徹底を図ることにより，大規模食中毒の発生を未然に防止することを目的として，「**大量調理施設衛生管理マニュアル**」を作成し，通知している[1]。

一方，家庭に対しては「家庭を原因とする食中毒の防止について」というタイトルの文書を通知し，この文書の中で「家庭でできる食中毒予防の6つのポイント」を示し，「家庭で行うHACCP（宇宙食から生まれた衛生管理）」を参考文書として添付している。

家庭における食中毒予防のポイントは，食品の購入，家庭での保存，下準備，調理，食事，残った食品の6つからなり，基本は食中毒菌を「付けない，増やさない，殺す」の三原則である。

表11-4　総合衛生管理製造過程承認制度の対象食品

1. 牛乳，山羊乳，脱脂乳及び加工乳
2. クリーム，アイスクリーム，無糖練乳，無糖脱脂練乳，脱脂粉乳，発酵乳，乳酸菌飲料及び乳飲料
3. 清涼飲料水
4. 食肉製品（ハム，ソーセージ，ベーコンその他これらに類するものをいう）
5. 魚肉練り製品（魚肉ハム，魚肉ソーセージ，鯨肉ベーコンその他これらに類するものを含む）
6. 容器包装詰加圧加熱殺菌食品（食品（前各号に掲げる食品及び鯨肉製品（鯨肉ベーコンを除く）を除く）であって，気密性のある容器包装に入れ，密封した後，加圧加熱殺菌したものをいう）

（食品衛生法施行令第1条第1項）

5. リスクアナリシス（リスク分析）

　食品の安全性を確保するための新たな手法として，**リスク分析**の考え方がFAO（国連食糧農業機関）とWHO（世界保健機関）により提示され，その3つの要素である，**リスク評価**（リスクアセスメント），**リスク管理**（リスクマネジメント）と**リスクコミュニケーション**を一体として進めるべきであるとされた。

　リスクとは，食品中に危害要因（有害化学物質，微生物等）が存在する結果として生じる健康への悪影響が起きる可能性とその程度をいう。

　「リスク評価」は内閣府食品安全委員会が人の健康に及ぼす影響について科学的に評価することである。

　「リスク管理」は厚生労働省，農林水産省がリスク評価結果に基づき，人々の食生活の状況等を考慮し，基準の設定や規制の実施等の行政的対応を行うことである（緊急暫定的な対応を含む）。具体的には食品衛生法に基づく食品，添加物の規格基準の設定（食品に残留する農薬等の基準の策定な

ど）や地方公共団体によるその基準が守られているかの監視などがリスク管理に当たる。

「リスクコミュニケーション」はリスク分析の全過程において，リスク評価者，リスク管理者，消費者，事業者，研究者，その他関係者の間で，情報および意見を相互に交換することであり，従来の行政から消費者に向け一方的に情報を流すということではなく，双方向で意見交換をするなどである。

この考え方は，人の健康に悪影響を及ぼす可能性がある場合に，その発生の防止またはその危害要因を最小限にするための枠組みであり，行政および企業等でも取り入れられている。

【引用文献】
1）厚生労働省：大量調理施設衛生管理マニュアル．
　http://www.mhlw.go.jp/topics/bukyoku/iyaku/syoku-anzen/gyousei/dl/131106_02.pdf

【参考文献】
・太田房雄，西島基弘編著：管理栄養士講座　食品衛生学〔第2版〕，建帛社，2008．

第12章 食生活について

　食べることは人間が生きていく上で不可欠な行為であり，暮らしの中で毎日繰り返される行為である。食べることを自分自身の生活の中でどのように位置づけるかは，その人の健康状態をはじめ，生活全般にかかわりをもち，さらには社会全体に影響をもつ事柄でもある。

　成熟社会を迎えた日本では，その経済的発展に裏づけられ，飽食の時代を迎えている。美味や簡便性を追い求めて，食事の真の生活上の機能が失われつつある。そのような状態を危惧して2005年には**食育基本法**[1]が制定され，食への関心が喚起され，高まりつつある。

　ここで，自分自身の食生活を考え，どのように実践していくべきかを考えてみよう。

1. 食の機能

　食には，5つの大きな機能がある。第1は，**栄養機能**であり，人間が生きていくために必要な栄養のために食べる。その行為は，直接個人の健康状態に直結し，誰もが関心をもち，最も理解されやすい機能である。人間は食欲という欲求をもっているので，その欲求に応じて食べることもできる。しかし，食事に関する知識なくしては，十分に健康を保つことができないことは，自明である。個々人が健康を維持することは，個人の問題のみならず，医療制度，保険制度などのあり方などにも直結し，社会全体の

質に影響する。

第2は，**精神的な安定**を得る機能である。食欲を満たすことは，生理的に充足されると同時に，精神的な安定が得られる。充実した食事をして，満足感や精神的安定感が得られることは誰しも経験することである。

第3は，**生活リズムの調整機能**である。人が社会的な生活をするためには，その枠内での生活のリズムが必要であり，生理的にも1日のリズムを刻む必要がある。1日に数回食事をすることによって体の生理機能も調整される。

第4は，食事の持つ**コミュニケーション機能**である。昔から「同じ釜の飯を食う」という言葉があるように，食べ物を一緒に食べること（共食）は他者との関係を深め，他者のために何か食べ物を準備したり作ったりする行為は，心を伝える手段になる。

第5は，食べることが，**食文化**をつなぎまた新しく創造していくことになる。それぞれの国や地域には，その自然や歴史に根ざした食の文化が存在する。食の成り立ちや役割に関心をもち，どのような食を選んでいくかが，その文化をつなぎ，変化させ，さらに，国の経済政策にもつながることになる。

2. 栄養機能

(1) 日本人の栄養摂取状態の現状

日本でも，昭和20年代は栄養不足の時代であり，日本人の栄養状態は悪かった。特に脂質の摂取比率が低く，摂取エネルギーも不足気味であった。栄養状態については，行政的にも関心が高く，昭和20年代からの国民栄養調査（現 **国民健康・栄養調査**）[2]の毎年の実施，日本食品標準成分表の作成と改訂，各種の健康づくり指針の作成，健康増進法の制定など法律や資料の作成が行われ続けている。

戦後，食生活の改善は西欧化を目指して行われ，1980年頃を期に栄養摂取が良好な状態へと変化した。その一つの表れとして平均寿命は飛躍的に伸び，女性は現在も世界でトップクラスの長寿である。もちろんこれは，医療の進歩，社会的インフラの整備などによるところが大きいが，栄養状態の改善も大きな要因である。1982年には食糧政策の一環として「日本型食生活のすすめ」（農林水産省）が発表され，炭水化物・脂肪・たんぱく質の摂取エネルギーの比率はバランスがとれたものとなっていた。その後から現在にかけて，食はより豊かになり，栄養素の摂取過剰，特に脂質の摂取量が過剰になることが懸念されてはいるが，他の先進諸国に比べれば，日本の平均的な摂取比率はバランスのとれたものとなっている。

　しかし，健康は個々人の問題であり，平均値が良いことで楽観はできない。例えば，問題視されている脂質の摂取比率のばらつきを見ると，図12-1に示すように，成人の平均値は男性25.0％，女性26.5％と，基準とされる25％に近い値を示しており良好な状態であるが，個々には大きく下回る摂取不足（10％未満）の人から過剰（40％以上）の人まで存在し，適正比率を外れる人の割合は約20％に達する。国民健康・栄養調査によれば，肥満率は徐々にではあるが増加し，糖尿病の可能性のある人の割合なども

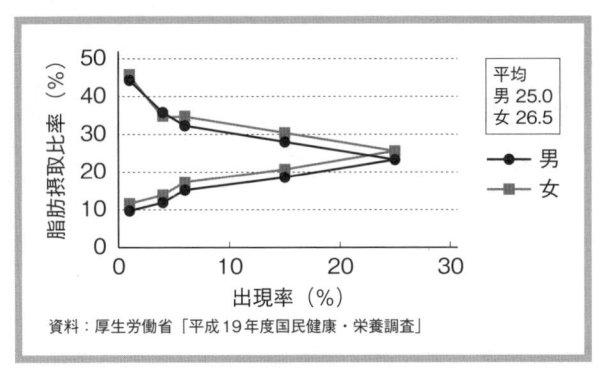

図12-1　脂肪摂取比率の分布
（渋川祥子：くらしの中での食の位置づけ．学術の動向 2011；11；57）

増えており，個々人の栄養摂取については，改善の必要がある。個々人が栄養バランスの良い食事をするためには，毎日の食事の選択が重要である。

（2）具体的な食事内容の選択方法

必要な栄養素の量については，多くの栄養的知見をもとにして食事摂取基準[3]によって定められている。しかし，一般の人々が日常生活を送る上で毎日栄養計算をすることは難しい。毎日の食事の内容を考えるに当たっては，これまで小・中・高等学校で学習した食品群の考え方（3つの食品群，4つの食品群，6つの食品群等がある）をもとにした食品の組み合わせの仕方や，摂取概量の考え方を利用することが望ましい。

簡単な言い方をすれば，健常者の場合は，中学校家庭科で学んだ6つの基礎食品群[4]（図12-2）から偏らないように食品を組み合わせ，厚生労働省・農林水産省から出されている食事バランスガイド[5]（図12-3）にあるような内容の食事を毎日摂れば，ほぼ栄養的に充足される。6つの基礎食品群については，中学校の家庭科の教科書[6]に1日に摂取する概量が示されている。

もう少し詳しく摂取する栄養量を知りたい場合には，簡単に食材の量を入力して栄養量を計算できるソフトも多種類[7]市販されている。また，食事内容を写真に撮りそれをもとに栄養量計算をするソフトなども開発されており，手軽にそのようなものを利用することもできる。

特に，健康上の問題のある人については，栄養士等の専門家の指導を受けることが必要である。

栄養に関してや，食品の機能性については，多くの情報が流されている

図12-2　6つの基礎食品群

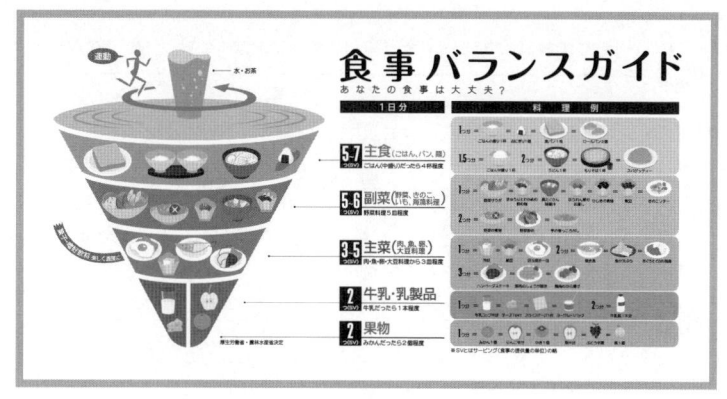

図12-3　食事バランスガイド

が，ある食品だけを食べて，飛躍的に健康になることはない。バランスのとれた適切な栄養量を摂取することが何よりも大切なことである。

3. 生活のリズムの調整

　現在の日本では，1日に3食の食事をすることが常道となっているが，多くの人の生活リズムに乱れがあることが問題視されている。人間は体内時計をもっており[8,9]（p.37参照），生理的には約25時間の周期であるともいわれているが，1日は24時間の周期であり，睡眠と食事によって体の機能を調節することで健康を保ち社会生活に対応している。睡眠と活動が繰り返される日常生活で，朝食をとることが1日の活動の開始となる。しかし，約20年前から朝食の欠食率，特に子どもたちの朝食欠食が多いことの弊害が指摘された（図12-4）。「早寝早起き朝ご飯」というキャッチフレーズが教育の中で取り上げられ，現在，子どもについては改善傾向にあるが，全年齢層では朝食欠食率は年々微増しており，2010年では男性は13.7％，女性10.3％が朝食をとっていない（厚生労働省「平成22年国民健康・栄養調査」）。特に若い男性（20～30歳代）の3人に1人，20歳代女性も4

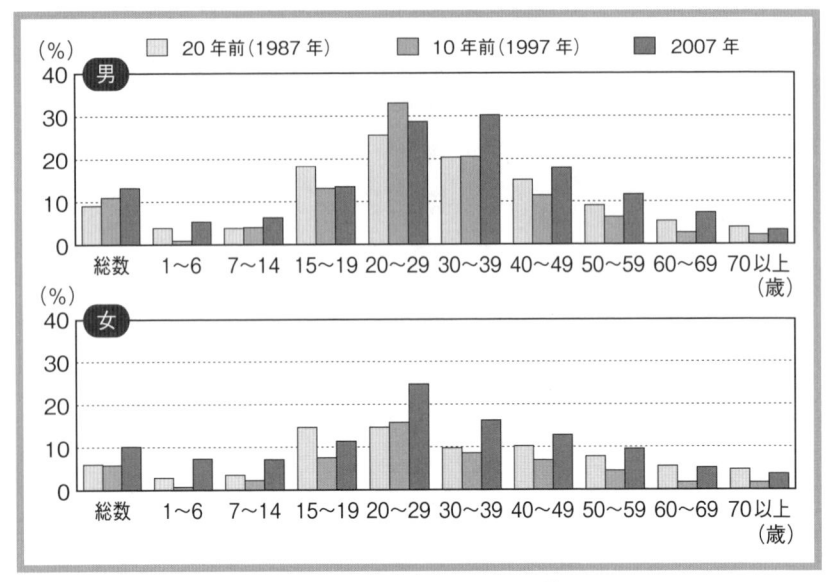

図12-4　朝食欠食率の推移

(厚生労働省：平成19年国民健康・栄養調査)

人に1人が欠食している。夕食の摂取時間調査の結果や3食の欠食率の調査結果からも，特に若い男性や20歳代女性について，不規則な食生活のデータが出ている。不規則な食生活は，健康を損ないやすく，活力のある生活ができにくくなる。1日のリズムを刻む食事を規則的にとるように努力する必要がある。

4. 食の精神的機能と共食

　空腹を満たすことやおいしい食べ物で感じる精神的満足感は，誰しも感じていることである。また，昔から諸行事に食事が供されることからもわかるように，人々は根源的には家族や仲間と一緒に食べることによって連帯意識が得られ，癒しや幸福感を感じることを認識していると思われる。

しかし，1983年，1人で食事をしている子どもの実態が「なぜ一人で食べるの」と題して，テレビや本[10]で紹介され，社会的関心を集め食事の仕方が変わってきていることが話題となった。その後，依然として各年代を通して1人で食事をしている人の比率が高くなっている。1人で食べることに対する考え方も大きく変わっており，図12-5に示すように，若い人ほど，1人で食べることを好ましいと考える比率が増えている[11]。

食べ物が自由に選びにくかった時代には，身辺で作られるものを周囲の人と一緒に食べるという選択肢しかなかったが，簡単に食べ物が手に入る時代になり，個人の自由が尊重されるようになって，1人で食べる人が増え，1人で食べるという意味の**孤食化**や，たとえ家族や仲間が揃って食卓を囲んでいてもそれぞれが別々の好みのものを食べる**個食化**が進んでいる。このような形は，食事を一緒に食べることで話題を共有し，同じ空間の雰囲気を楽しみ，同じ味を楽しむという食の持つ共食の機能が発揮できないことになる。人のつながりを深めることに共食の機能を利用しないことは，人と人との絆の大切さが強調されている現在，非常にもったいないことである。

これらの現象は，加工食品の進歩やインフラの整備，調理機器の開発

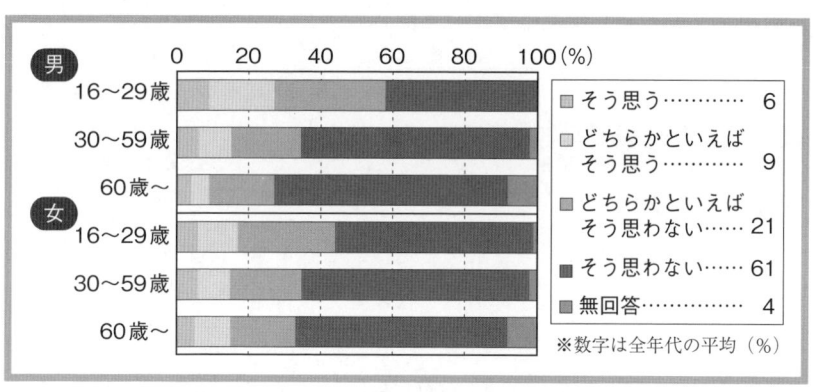

図12-5　1人で食べた方が気楽と思うか

（NHK：食生活に関する世論調査，2006）

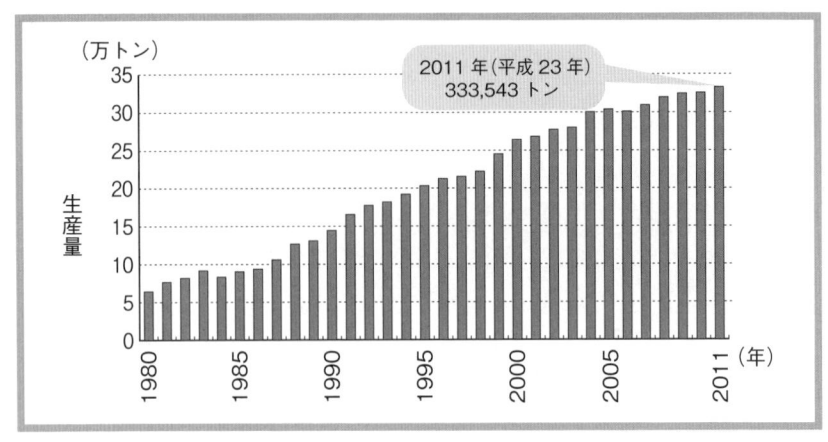

図12-6　レトルト食品生産量の推移

（日本缶詰協会）

で，すぐに食べられ，しかもおいしい食物がいつでも簡単に手に入るという経済的・技術的発展がもたらした大きな進歩の陰の効果でもある。その一例として，温めればすぐに食べられるレトルト食品の生産の伸びを図12-6に示す[12]。家族形態の変化や，労働時間や労働形態がこれに拍車をかけている。毎日繰り返す食事を，人と人とのつながりを保つために有効に活用する努力が必要ではなかろうか。

5. 食事形態の選択

（1）食の外部化

　人が食事をとるためには，食材を選び，それを食べられる形に変える調理・加工が必要である。食材を食べ物に変える行為は，古くは身辺の生活の中で行われる手作りであったが，現在では食品加工業の進展で外部化が進み，身辺（家庭）で作られる比率は減少している。図12-7に見られるように，1980年代から外食が急激に増加し1990年代からは横ばいにはなっ

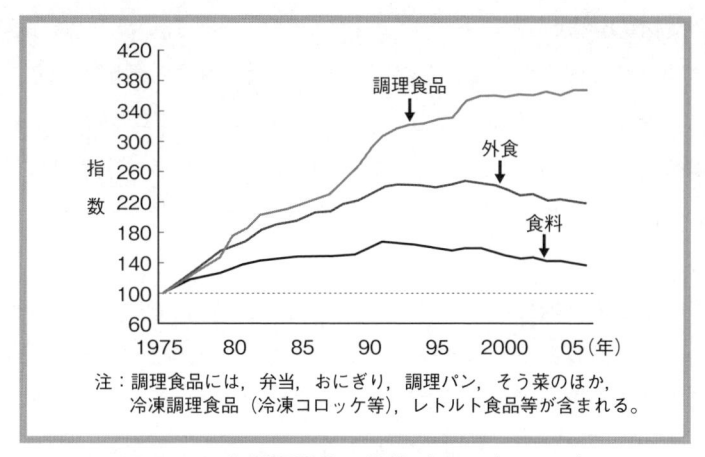

図12-7　食料関係費の推移（1975年＝100）

注：調理食品には，弁当，おにぎり，調理パン，そう菜のほか，冷凍調理食品（冷凍コロッケ等），レトルト食品等が含まれる。

（総務省：家計調査）

たが，調理済みの食品への支出が増え続けており，食の外部化が急速に進んでいることがわかる。

　外部化の理由を尋ねた調査の結果では，手間が省ける，作るのが難しいという答えが多いといわれている。日常生活の労力の軽減と食に関する知識の浅さが原因であろう。家事労働外部化の進行は大きな流れではあるが，その流れに乗ることによって失いつつあるものもある。

　毎日義務的に調理を行うことは負担と感じることがあるが，食材から料理を作ることは楽しいことであり，生活にゆとりが出たときには趣味で料理作りをする人もいる。調理に関する知識と技術をもち，楽しみを知ることは生活行為として捨てがたいことである。また，食材を適切に選ぶことができるので，摂取する栄養が管理できることも重要なことである。違った視点で考えると，共同して調理作業をすることは他者との関係を深める。親子で作る，友達と作る，夫婦で作るなどコミュニケーションの手段になる。加えて，他者のために食べ物を作ることは，心を伝える手段ともなる。生活の中にぜひ残しておきたい生活行為である。

（2）食材の選択

　食べ物を直接作る機会をもたないことは食材に対する理解も減り，食材の生産に対する関心も薄くなる。現在，図12-8に示すように日本の**食料自給率**は低く，このことが問題になっている。食糧の多くを輸入に頼っていることは，農業の衰退につながり，国の農水産業政策や経済政策にも関連する。

　食育基本法では**地産地消**を促しており，食材の選択でどのような行動をとるかが，農業政策や経済政策にもつながる。また，日本がどのような産業形態をとるかは日本の自然環境へも影響することになる。生活者の消費行動が直接・間接に国の政策に関連することであることを自覚して，食材に関心をもつことは社会の一員として重要な事項である。

（3）食文化の継承

　社会にはその自然環境や長い歴史からそれぞれの国や地方でいろいろな食事の仕方があり，それが食文化として継承され，国や地方の特徴となっ

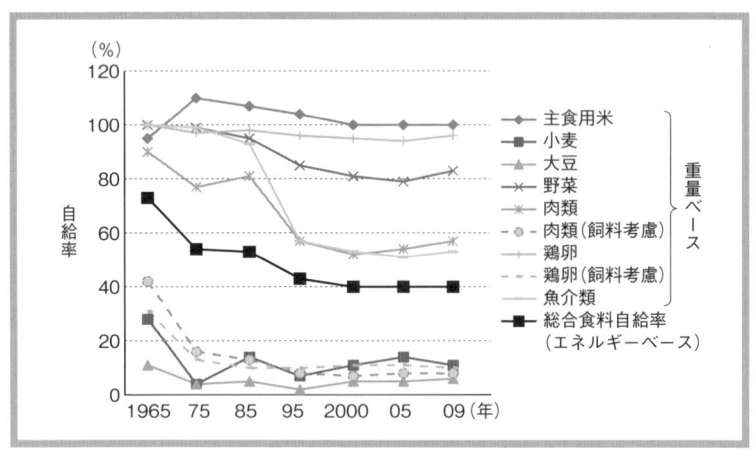

図12-8　食料自給率の推移

（農林水産省：統計）

ている。**食文化**を紐解くだけでも，興味のつきないことであるが，これから私たちがどのように食べていくかが日本の食文化を作ることにもなる。

これまでに培われてきた日本の食文化を継承していくことの大切さを意識している人は多い。日本には四季があり，各種の行事があるが，その折々に食べる料理にも伝統がある。例えば，新年に**おせち料理**を準備し多くの仲間や家族で集まって食べる習慣がある。これは，まだ食の潤沢ではなかった時代に健康や繁栄を願って晴れの食事として食べたものが伝えられているし，また，新年だけは主婦を家事労働から解放したいとの思いなどが重なり合ったものとして引き継がれているものである。食の豊富さも，家事の状況も大きく変わってきた現在も，おせち料理を食べる，または準備するという文化だけは残したいとの思いは根強く残っている。しかし，これらを昔のように手作りすることはなくなり，すっかり外部化が進み，内容も変化して，今は，年末のおせち料理商戦の花形となってしまっている。商業ベースで残るにせよ，昔の方法を踏襲するにせよ，四季を感じ，昔からの習わしを大切にしたいと思うゆとりはもちたいものである。

それらが少しずつ変化しながら，ある程度伝承されている今の食行動が，これからの食文化を創っていることを自覚したいものである。

6. 食事に対する価値観

食事は個々人が毎日繰り返す行為であり，一日の休みもない。したがって，個人がもつ価値観が，その食行動を決めることになる。

しっかりとした食生活をすることが，健康な身体，より良い人間関係や社会的な関心につながり，QOLの高い生活となる。多くの社会構成員がQOLの高い生活を送れることが社会的安定につながる。このことから，「食事は大切である」という価値観をもつことが大切である。

古い日本の考え方の中には，食事のことを云々することは，卑しいこと

であり，食べることなど二の次にして仕事に邁進することが優れたことであるように考える人もいた．また，今の若い人の中には遊びや趣味の世界だけにしか関心がなかったり，仕事が忙しく食事まで考える余裕がないため，食べ物は空腹を満たせばよいと思う人もいる．また，単に食べることは食欲を満たす楽しみと考え，必要以上の美食をとることに価値を置く人もいる．一方で，健康は大切と考えて関心はもっているが，食事や栄養についての正しい知識をもとうとする意欲に欠け，不確実な情報に踊らされている人もいる．より多くの人々が，食の機能を全体的に理解して，生活の大切な行為として位置づける価値観をもつ必要がある．

　食に関する知見や状況は年月と共に変化するので，常に食への関心をもち続け，社会人になっても正しい情報を得て，一人ひとりが食べることを自分の生活の中で大切な生活行為として考え，自分の食生活を管理しようとする意識をもたなくてはならない．

【参考文献】

1) 内閣府：食育白書．http://www8.cao.go.jp/syokuiku/data/whitepaper/
2) 厚生労働省：国民栄養調査の資料．
   http://www.mhlw.go.jp/bunya/kenkou/kenkou_eiyou_chousa.html
3) 厚生労働省：日本人の食事摂取基準（2015年版）．
   http://www.mhlw.go.jp/bunya/kenkou/syokuji_kijyun.html
4) 厚生労働省：6つの基礎食品．http://www.mhlw.go.jp/shingi/2005/03/s0307-4.html
5) 農林水産省：食事バランスガイド．http://www.maff.go.jp/j/balance_guide/
6) 中学校家庭科教科書，開隆堂，または，東京書籍
7) 栄養計算ソフトの例．http://www.kenpakusha.co.jp/exceleiyou.html
   http://www.eiyoukeisan.com/
8) 香川靖雄，柴田重信，小田裕昭，加藤秀夫，堀江修一：時間栄養学，女子栄養大学出版部，2009．
9) 早稲田大学薬理学研究室：http://www.eb.waseda.ac.jp/
10) 足立巳幸：NHK「おはよう広場」，1983．
11) NHK放送文化研究所：崩食と放食，生活人新書，2006．
12) 日本缶詰協会：国内生産数量統計．http://www.jca-can.or.jp/data/jcadata.html

第13章 衣生活について

「被服」の機能や，日本の伝統文化と「被服」とのかかわり，資源とのかかわりをもとに，生涯にわたる衣生活の設計について述べる。

現在，わが国では既製服のサイズが豊富で，ほとんどの人が自分の体型に合った「衣服」を購入することができるようになっている。

実際に既製服を購入する際には，商品に明示されているJISの衣料サイズ，**家庭用品品質表示法**に拠って表示されている**繊維の組成表示**，そして洗い方等の**取り扱いに関する表示**[1]をもとに，自分によく合い，自分で洗うことのできる服を選択することが重要である。

1.「被服」の機能

人類は地球に誕生し長い年月を経て進化し，地球上のさまざまな自然環境の中で「被服」を身に纏ったり住居の中で生活することによって体温を一定に保持し，生命を維持してきた。

近年の科学・技術の進歩は目覚ましく，高度約350km，軌道傾斜角51.6度の地球周回軌道上に建設されている国際宇宙ステーションにおいては，訓練を受けた宇宙飛行士が長期間滞在することも可能になっている。

地上にいる私たちに向けて送られてきたテレビ映像を見ると，生命が維持できるように制御された空間からなる宇宙ステーションの中では，地上と同じようなシャツやパンツといった**衣服**を着て活動をしているが，

船外活動を行うときには頭の先から手足に至るすべての部位を「**被服**」で包んだ，特殊な宇宙服を纏うことによって宇宙飛行士の生命が維持されていることがわかる。

衣生活関連，特に「着るもの」に関する用語が種々使われているが，それぞれの言葉の表す事項には，例えば，「被服」は帽子・手袋・靴下・靴など，体のすべての部分に纏うものの総称，「衣服」は体幹部を覆うもの，「衣料」は着るものとその材料である布地の総称，「服装」は衣服（およびその付属品）を身につけた姿，身なり，「服飾」は衣服・装身具の総称，「アパレル（apparel）」は装おう，飾る，または衣服，服装（アメリカでは集合的に特に既製服をいう）などの違いがある。

（1）体温を保ち生命維持に寄与する「被服」

人は恒温動物であり，体内の化学反応である代謝により生み出されるエネルギーの75％以上を熱に変換して，身体の深部温度（体温）を37℃に維持している。体温を詳細にみると，年齢・性別・個人間に差があるが，24時間の周期である概日リズムをもち，変動幅は約1℃である。図13-1に示すように，体温は，脳や心臓などの臓器の働きを保つために高く安定しているが，手足などの末端部の内部温度は，環境の影響を受けて変動する。また，体表面の温度（**皮膚温**）は部位により異なり，特に手足の皮膚温は季節や環境に大きく依存する。**体温調節**は，視束前野・前視床下部が関係し，寒いときは熱を作り出し（産熱），暑いときは熱を放出（放熱）しながら熱平衡を保っている。

私たちは，日常の生活において，熱平衡を保ち快適さを得るために，環境や活動量に合わせて着衣量の調整を行っている。Winslowらは身体と環境との熱交換の研究[2]により，人が裸体で体温調節が可能な範囲は，気温が29〜31℃の極めて狭い範囲に限られ，環境に合う衣服を着用すると，気温範囲が13〜32℃に拡大し，熱的に中立であるときの平均皮膚温は

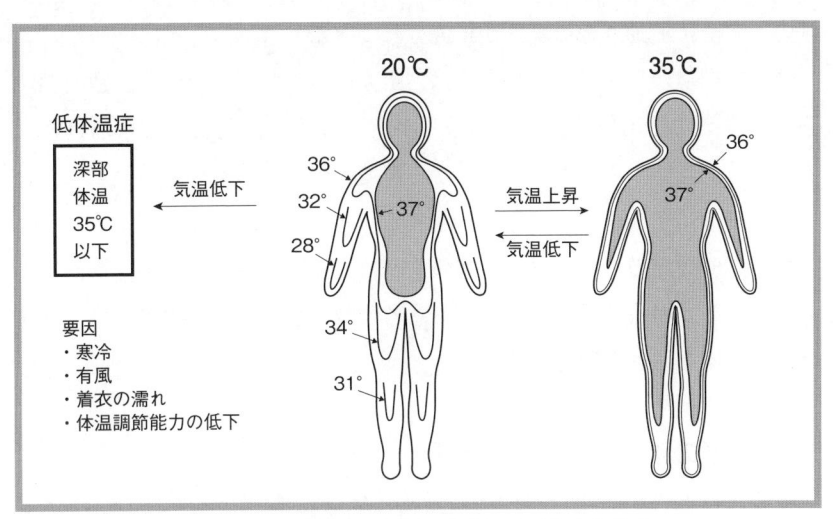

図13-1 環境温と身体の内部の仮想温度分布

(Aschoff J., Wever R. : Kern und Schale im Wärmehaushalt des Menschen, *Naturwissenschaften* 1958; **45**; 477-485 より改変)

33℃であることを観察している。しかし，同じ気温であっても，多量の発汗や雨などにより被服が湿潤している場合，特に急激な寒さと風の強い環境では放熱が促進され，体温が異常に低下する。体温35℃以下では**低体温症**の状態となり，体温調節に障害が起き，体温が20℃にまで下がると生命の維持が困難になるといわれている。一方，輻射の強い環境では，被服は遮熱の役割を果たすが，被服のみで体温を37℃に維持し快適さを得ることは困難である。高温多湿の環境においては，冷房等を併用しながら熱中症の対策を行う必要がある。

(2) 安全・安心・快適さを得るための「被服」

　被服には，いろいろな危険物から身体を安全に保護する機能がある。古来より，被服は，植物の棘や虫や太陽光線などから皮膚を保護するために用いられ，現在では，被服材料の技術革新やデザインやパターンの工夫に

伴い，安全に活動できる範囲が拡大されてきた。

身体を環境から保護する被服には，耐寒服，耐熱服，消防服，放射線防護服，農薬防除用作業服，潜水服，宇宙での船外活動服などがあげられる。一方，身体から発生する汚れから環境を保護するための被服には，食品や精密機器を製造するときに着用する防塵服や手術服などがある。

また，競技用のスポーツウェアのように，被服には身体の動作機能を高める機能や，血液循環の促進や疲労感の軽減に役立つ靴下のように，身体の生理機能を助ける機能もある。

(3) 表現の手段としての「被服」

被服には個性の表現，集団への帰属（例えば，制服などはこの意味が大きい），社会慣習や生活文化の継承の機能（式服や民族服など），いつもの自分と異なる人格を表す機能（色・デザイン・雰囲気の異なる被服を着る，仮装や変装により，いつもと異なる自分を表現するなど）がある。私たちは，被服を通して自分の趣味・好み・美意識や主義主張などを，気分や場面に応じて自由に表現することができる。一方，社会生活を円滑に営むためには，被服を着るときには，TPO（時・場所・場合）に応じた服選びを考慮するなど，他人に不快感や不潔感を与えない配慮も必要である。

(4) 生活の質の向上に役立つ「被服」

被服は，生活を楽しく豊かにする効果もあり，いろいろな人の生活の質（QOL）を高める手段としても有用である。私たちの社会は，身体特性，使用言語，趣味嗜好，年齢，生活環境など，条件の異なるいろいろな人が共に暮らしている。さまざまな状況に応じて，日常生活に不便さや制約を感じている場合，被服にも素材・機能・デザイン・着方にさまざまな工夫が求められている。ユニバーサルデザインは障害のある人向けに開発されたデザインを指すが，健常者にも，障害のある人にも，すべての人が利用

できるように工夫された製品開発を目指したアクセシブルデザインによる製品が市場に出回るようになってきている。

2. 和服から洋服へ

　日本人の衣生活を振り返ってみると，現代の「**和服**」の原型ができた奈良時代（710～794年）から，明治・大正時代（1868～1926年）に至る千年以上の長い年月にわたって和服を纏って暮らしてきた。

　明治に入って和洋混在の時代が始まったが，男性・女性ともに正装は「和服」であった。

　大正になると，それまでは制服としてのみ採用されていた洋服が，日常着にも普及し，男女ともに「**洋服**」を着るようになった。

　昭和に入り，第二次世界大戦後，「和服」から「洋服」へと急速に転換した。反物を購入して各家庭で手縫いによって仕立てた「和服」を纏う暮らしから，洋服地を購入してミシンを使い家庭洋裁によって縫製した「洋服」を着る暮らしを経て，現在にみられるアパレルメーカーにより工業的に生産された「既製服」を購入して着る時代へと変わっていった。

　「洋服」は着る人の体型や用途に合わせて，立体的にしかも体の動きによって生じる相当な負荷に耐えられるように作られている。利点としては丸洗いが可能で洗濯が容易なものが多く，和服に比べると活動的である。欠点としては，布地から部品を裁断する際に裁ちくずが発生しやすいことと，ミシン縫製のため解きにくいこと，補強のために芯地を貼付けて縫製してあるものなどは仕立て直しが容易ではないことなどがあげられる。

　「和服」は反物から身頃・袖・衿等を直線裁ちをし，これらを手縫いにより縫い合わせて仕立てる。洋服のように切り刻むことがないので元の反物の形に戻して，洗ったり染め変えたり仕立て直しをすることが容易である。着用時には紐を使って体幹部に巻きつけて着付けをする。

長い衣生活の歴史の中で，反物の織り・染め・刺繍・文様，長着・襦袢・帯・羽織・履物・袋物等の「被服」の中に和の文化が受け継がれており，着用の仕方とともに，ぜひともこれらを後世に伝えたいものである。

近年の状況をみると，残念ながら機能性を重視した生活の洋風化の結果として，「和服」への関心が次第に薄れてきたために需要が激減したものの，主として日本**文化の伝承**の場において，例えば，日本の仏教僧，神官・巫女など神道の聖職者，能楽・歌舞伎・日本舞踊などの伝統芸能の従事者，剣道・柔道などのスポーツにとって「和服」が重要な働きをしている。「和服」との接点をきっかけに日本の文化と親しみ，暮らしの中に「和」の心を取り入れたいものである。

3．近年の衣生活

わが国においては多種多様な既製服が店頭に豊富に並べられており，必要とする衣服をいつでも自由に購入することができる状況にある。

（1）1人当たり何着ぐらいの衣服を持っているか

これについては，生産量・出荷量・販売量の報告に比べると，消費者サイドに立った調査報告例が少ない。一般人を対象としたものではないが，アパレル業界に就職を希望しているどちらかというと衣生活に強い興味をもっている衣料管理士養成課程の在学生とその両親を被験者とした調査例〔全国の被服学科に設置された衣料管理士養成課程に在学している女子学生の消費者動向調査訓練の一環として日本衣料管理協会が実施してきた「衣料の使用実態調査」（2011年1月に発行された調査書；調査対象者は父374人，母481人，学生447人）〕によると，2008年度までに所持していた衣料の平均枚数は，父親90.68枚，母親119.60枚，女子学生93.81枚である。また，同調査によると，2009年度1年間に新たに購入した1人当たりの衣料平均購入枚数は，父

5.88枚，母9.05枚，学生19.81枚とあり，圧倒的に学生の購入枚数が多く，しかも購入単価としては安価なものが多いことが報告されている。特に近年は，極端に低価格の商品を販売しているケースも多く，衣服は大切に保存しておくものというよりは，どちらかというと消耗品的な扱いを受ける傾向にある。

（2）どのような繊維からできている衣服を購入したか

前述の「衣料の使用実態調査」2011・1999年版に，それぞれ2010年および1998年の各1年間に購入した衣服のアイテムおよび素材別枚数に関する報告がある。表13-1はこのデータをもとに著者が作表したもので，以下のように解釈できる。

2010年には，375人の父親（上段の表）が購入した背広の合計枚数は113枚であった。これらの背広の組成繊維表示（調査した資料から全体の中の10％以上を占めていた組成のもののみ表示した）を調べたところ，毛100％と表示されていた背広は53％と一番多く，次が毛とポリエステルからなる背広で24％，あとは種々の組成の繊維からなる表示の異なる背広でいずれも枚数としては全枚数の10％以下であった。1998年に比べると2010年は，父親の背広・ワイシャツ，母親のスーツが激減したが，母親のTシャツは増加傾向にある。

またこの表から，2010年に購入した衣服の素材は，父親・母親・女子学生のいずれの場合についても**毛**（w）・**綿**（c）・**ポリエステル**（p）繊維が中心であることがわかる。これら3種以外では，含有量は10％以下であるが，ゴムに似た性能を有する**ポリウレタン**繊維を混紡した伸縮性のある素材が種々のアイテムに使われており，近年ではポリウレタン繊維も特記すべき重要な衣料原料となっている。

表13-1 2010年，および1998年に購入した衣服のアイテム別にみた表地の主な組成

- H23（2011年1月発行，対象：父親375人，母親447人，女子学生447人）
- H11（1999年11月発行，対象：父親334人，母親243人，女子学生701人）

父親		背広		スラックス		ワイシャツ		Tシャツ		セーター		礼服	
年度		H23	H11	H23	H11	H23	H11	H23	H11	H23	H11	H23	H11
表地の主な組成（％）		w53	w61	w15	w21					w47	w59	w31	w64
				c39	c18	c45	c29	c84	c82				
				p14	p20							p19	
				pc14		pc48	pc58					pc13	
		wp24		wp10	wp14							wp13	wp11
			wn16							wn12			
												wa13	
枚数		113	238	196	358	361	455	273	231	118	190	16	28

＊w：毛，c：綿，p：ポリエステル，pc：ポリエステル綿混，wp：毛ポリエステル混，wn：毛ナイロン混，wa：毛アクリル混

母親		スーツ		パンツ		ブラウス		Tシャツ		セーター		礼服	
年度		H23	H11	H23	H11	H23	H11	H23	H11	H23	H11	H23	H11
表地の主な組成（％）		w18	w18		w14					w38	w45		
				c33	c17	c47	c29	c77	c75				
		p15	p23	p11	p25	p13	p27					p33	p52
		pc13		pc22	pc11	pc8	pc5	pc11					
										a11			
		pr11										pr11	
										wa16	wa18		
枚数		125	217	359	283	439	238	722	294	371	330	27	23

＊w：毛，c：綿，p：ポリエステル，pc：ポリエステル綿混，a：アクリル，pr：ポリエステルレーヨン混，wa：毛アクリル混

学生		学生スーツ		パンツ		ブラウス		Tシャツ		キャミソール	
年度		H23	H11	H23	H11	H23	H11	H23	H11	H23	H11
表地の主な組成（％）		w32	w25								
		c11		c53	c49	c60	c73	c67	c82	c65	c56
		p18	p19	p13	p12	p14				p11	p18
		pc10		pc16	pc12	pc11					
枚数		247	470	297	1174	629	1545	1618	2261	262	1081

＊w：毛，c：綿，p：ポリエステル，pc：ポリエステル綿混

（片山倫子：衣服とくらし．学術の動行 2011；11：54）

（3）綿・毛・ポリエステルはどのような繊維か

綿・毛・ポリエステルの中で綿と毛は天然繊維と呼ばれている。**コットンボール（綿花）**から採った綿繊維，および羊の体毛由来の毛繊維はいずれも強い親水性を有し染色をはじめとする種々の加工が容易で，しかも着心地のよい製品づくりに欠かせない織物や編物が作れることから，非常に優れた衣料原料である。しかしながら着なくなった綿や毛の衣料製品については，未加工の繊維原料に戻すケミカル・リサイクルはできない。最終的にはウエスや反毛にするマテリアル・リサイクルか，熱源として利用するサーマル・リサイクルの資源となる。したがって，新たに製品を作るときには新しい綿や毛の繊維原料が必要になる。

一方，ポリエステルに代表される合成繊維は，人工的に繊維を作るために各繊維の有する本来の特性に加え，例えば疎水性ではあるが放湿しやすい繊維構造を開発し，天然繊維の優れた諸性能に近い衣服原料へと進化させたことにより，近年ではその用途が拡大している。また合成繊維は化学的な分解により原料まで戻す**ケミカル・リサイクル**が可能である点が，綿や毛とは異なっている。

（4）ジーンズ・背広・合繊シャツの製造に必要な原材料の量

① 綿100%のジーンズ（800g）を作るのに必要なコットンボールは何個か

コットンボール1個当たりの重量は，成育具合に左右されるが，1個当たり2～5gである。この中でリントコットン（撚り合わせて糸が作れる程度の繊維長を有する綿の繊維）は30～40％を占めているので，コットンボールの1個の重量を3g，精綿の平均歩留まりを33％と仮定すると，コットンボール1個当たり約1g（3g×0.33＝約1g）の綿繊維が取れることになる。この綿繊維を撚り合わせて綿糸を作る。綿糸を縦糸，および横糸に使ってジーンズ用の**織り地**を作る。これから縫い代付きのジーンズの各パーツを切り取り，縫い合わせて製品を作る。綿のほかにポリウレタンが

数％混紡された糸を使って生地を織ると伸縮性のあるジーンズができる。

ニット（編地）製品の場合には，手編みのセーターを作るときのように，1本の綿糸から製品を横メリヤス編みで編み上げて作る，縫い合わせがない無縫製編み（ホールガーメント）と，縫い代を加えた型紙どおりに各パーツを編み，縫い合わせて製品にする成型編み（シェービング），糸を編み上げて作ったニット地から身頃・袖・襟等の各パーツを切り取り縫い合わせて製品を作る方法（カットソー）がある。

ジーンズ1本当たりに必要なコットンボールのおおよその数は以下のように概算することができる。

デニム生地1m当たりに必要な糸量は，約30kg/反(50m)＝約0.6kg/m，これを紡績落ち率10％として必要な綿量に直すと0.6×110％＝0.66kg/m，ジーンズ1本当たりに必要な用尺を1.2mとすると0.66×1.2＝0.79kg/本，したがって，約0.8kg（800g）のコットンボールが必要である。コットンボール1個当たりの綿繊維は前述のように約1gであることから，800g÷1g＝800（個），ジーンズ1本を作るのに約800個のコットンボールが必要ということになる。

② 毛100％の表地からなる紳士服を1着作るのに羊毛はどのくらいいるか

紳士服（背広）を1着作るには，平均すると1.4～1.5kg程度の整毛が必要である。羊毛は1年に1回羊の体毛を刈り取ったものを原料としており，1頭の羊からは，平均すると6～7年にわたって毛を刈り取ることができる。1回の刈り取りでは，平均すると約4kgの原毛が得られ，これからゴミや汚れを取り除いて整毛にすると，減量し約2.8kgになる。2.8kg÷1.4kg＝2となり，2.8kgの整毛からは，平均すると紳士服がおよそ2着生産できることになる。

③ ポリエステル繊維（100g）を作るのに必要な石油は何gか

ポリエステル繊維は石油から化学的に合成して作られている。製造方法としては，「繊維ハンドブック2009」（日本化学繊維協会）によると，石油

から作られるパラキシレンを酢酸で酸化し,テレフタル酸を作る。このテレフタル酸と,別途石油から作られるエチレングリコールとを重合させてポリエステル(PET)チップを製造し,これを溶融紡糸してポリエステル繊維を作っている。原材料である石油とポリエステル繊維との量的な関係については,PETボトルと同レベルで考えれば,およそ重量の2倍の石油が使用されていると推定される。なおポリエステル繊維製品は回収後に化学的に分解させ,ポリエステル繊維の原料であるジメチルテレフタレートに戻すことが可能である。

4. 衣服の洗濯[3]

　衣服は一定時間着ると,変色したり,よれよれになったり,不快なにおいを放ったりするので,再度着用可能な衣服に戻すために洗濯が必須である。購入を決定するときに必要な注意事項として,自分のサイズに適したものを選ぶことはもちろんであるが,汚れたら洗濯が可能なものを選ぶことも重要である。これらに関する情報は,商品に付けられている組成表示と取り扱い表示に記載されているので,「表示」の意味を理解する必要がある。

　衣服は長くていねいに使う大事なものとして捉えられていたので,着用中になるべく汚さないように努力した上で,手洗いを中心とした洗濯(汚れた部位を目で確認し,そこに石けんを付けて手洗いし,絞り,天日干し)をする方式が基本であったが,近年にみられる生活様式の急激な変化と電気洗濯機の普及・発達によって,洗濯時の「**洗う**」「**絞る**」「**干す**」を連続して行う全自動電気洗濯乾燥機等に委ねる方式へと変化している。縦型と呼ばれる従来の渦巻き式または撹拌式の場合には「洗う」と「絞る」機能は効率が良いが,「干す」動作には不向きで,回転ドラム式の場合には「干す」ことには向いているが「絞る」機能が十分ではない。したがっていずれの

方式も洗濯から乾燥までを一体で行う全自動電気洗濯乾燥機には十分な満足が得られない。機械の力を借りつつ，無駄の少ない洗濯を実施するためには，二槽式洗濯機と乾燥機の組み合わせを用い，自分で考える洗濯をしたいものである。洗濯の効果を高めるためには**洗剤**の力も非常に大きい。失敗のない洗濯をするためには，商品の品質表示をよく読み，表示内容を理解し，目的にあった商品の選択，そして使い方を習得することが大切である。

5. これからの衣生活への提案

以下の4点も参考にしてこれからの衣生活を考えよう。
① 無計画に安価なものを買うのではなく，生涯にわたって必要な被服の種類と数をライフステージごとに試算し，それらに必要な原料量を推定し，衣生活と環境とのかかわりを考える。
② 「和服」に関する知識を深め，毎日の暮らしの中で「和服」とかかわる習慣をもち，もっと身近な衣服にする。
③ 子孫に伝えていく価値のある被服と，消耗品としての被服を使い分けていく。
④ 被服が本来もっている生命を維持するための機能を十分発揮できるような被服の選び方，着用の仕方を工夫するとともに，着用している人の品格を高める努力をする。

【参考文献】
1）JIS L 0001，繊維製品の取扱いに関する表示記号およびその表示方法，2014.
2）Winslow C.E.A., Herrington L.P. : Temperature and Human Life, Princeton University Press. Princeton.N.J., 1949.
3）片山倫子編著：衣服管理の科学，建帛社，2010.

第14章 住生活について

　住居とは，人が生活する器，すなわち個人や家族の**生活の拠点**である。人が健康を保ち，快適に過ごすための休養や家族の団らんの場を住居は提供する。人の生活が変化すれば住居そのものや住居の使い方も変化する。また，住居が変われば人の生活も変化せざるを得ない。この住居を中心として営まれる人々の生活を**住生活**という。特に住生活に対する要求は，人や家族のライフスタイルやライフステージにより変化する。

　これからの人生において，快適な住宅で，人らしく生きることのできる住生活を維持していくためには，どういう住宅を選択するか，どのような住生活を実現していくかが重要である。

1．住居の機能

　住居は社会の生活単位である家族が住み，生活する場であり，子どもが育つ場所でもある。また，働く場所である職場に対して，休養の場を提供する。休養とは，労働に費やされた活力を回復する行為で，これには精神的・肉体的な面での行動が考えられるが，精神的には家族の団らん，憩い，レクリエーションなどによって，肉体的には栄養の摂取，睡眠による休養，入浴などの衛生によって活力は回復する。つまり，住居は労働力の再生産の場であると同時に，社会経済の諸活動に参加していく上での基盤ともいえる。

住居は人の生命や財産の安全を確保し、外敵や震災から人々の身を守るシェルターとしての機能をもつ。日本は大陸に近接する島国であり、夏は南、南東、冬は北、北西からの季節風が多く吹き、南の海洋側では湿潤で温暖な気団、大陸側では乾燥した寒冷な気団が生じる。国土は南北に細長く、中央を山脈が貫いているため、北部の都市と南部の都市、また、山脈の北側と南側（日本海側と太平洋側）で気候特性はかなり異なる。住居は雨風をしのぎ、人々への気候の影響を緩和する、つまり、自然から生活を守り、人々の健康を守る機能をもつ。そのため、住居には、降雪、暴風雨など土地の気候風土に対応してさまざまな工夫が行われてきており、建物である住宅は地域性を示す特徴を備える。さらに、住宅は物理的な都市や町並みを構成する基本的な要素でもあることから、単なる私的財産にとどまらず、社会的な性格を有するものである。

　世界人権宣言（国連総会，1948年）では、「すべての人は、衣食住、医療及び必要な社会的施設等により、自己及び家族の健康及び福祉に十分な生活水準を保持する権利を有する」（第25条第1項）と記されている。つまり、人は誰でも、自分や家族のために、人間らしく生きるために必要なものを得る権利、そして生活するためのいろいろな条件を、より良いものにする権利をもっている。日本はこの規約を批准しているので、日本政府には、これら諸権利の実現のために努力する義務と責任がある。人々（国民）は、誰でも住む権利、住生活を営む権利をもっている。

　人の基本的要求には段階があり、そのうち最も原始的な欲求である**生理的欲求**や**安全欲求**を満足させないと、所属や承認、自己実現など高次の要求に移行しないといわれている（Maslow, 1954）。住居は、睡眠、食事、排泄などの生理的欲求や安全で健康な暮らしなどの安全欲求を満たすために必要な物理的要因である。つまり、寝室、台所、トイレなどの空間やそれらの生活行動を遂行できる設備・機器などが、生理的欲求を満たし、健康な生活を保つために必要となる。

2. 快適な住まい

　住居は戸外の自然条件を屋根や壁体などの構造物によって緩和し，生活しやすい気候をつくりだす**気候緩和作用**をもつ。

　現在，住居の室内環境は，単に建築の構造物の特性にのみ依存するのではなく，暖房，冷房，換気，除湿など各種の設備機器によって調整することができる。その結果，季節を問わず，快適な生活空間を確保することができるようになった。

　快適な室内環境とは，住居内で行われる生活行動や行為が健康的に快適に遂行できる物理的な環境のことである。例えば成人は1日約8時間の睡眠をとるが，この睡眠は体を休め，活力を再生産するための行為であるため，身体を十分に伸ばしてリラックスし，安らかにかつ快適に眠ることができる空間や環境が必要となる。そのためには，空間だけでなく，快適な温湿度に制御できる空調機器，外からの光や音を遮断できるカーテン，そして，体を休めるベッドや布団などが必要となる。

　快適な住空間を確保できる暖房としては，屋内全体を暖めるセントラルヒーティングではなく，一室暖房が日本の住宅では採用されていることが多い。その結果，居間は暖かいが，トイレや浴室など肌を空気に晒す環境は寒く，急激な血圧の変化により入浴時や夜間のトイレで具合が悪くなる高齢者は後を絶たない。室間の温度差を小さくするためには，住宅を断熱化や気密化する必要がある。それに対し夏は太陽の入射熱を防ぐ工夫，例えば，庭木で日陰を作り，大きな庇やすだれ等で日差しを遮ることが有効である。また窓の位置や風の流れを考慮した間取りや家具を配置することで風通しを良くし，暑さを緩和することが可能である。

　室内空気と外の新鮮な空気が入れ替わることを換気というが，室内空気を清浄に保つためには，換気をする必要がある。人は呼吸することにより酸素を消費し，二酸化炭素（CO_2）を排出する。一般に，呼吸によるCO_2

発生に対しては，在室者1人当たり1時間に約30m^{3}の換気量が必要とされ，それを満たすには一般居室の場合0.5回／時の換気回数となる。CO_2は強い毒性はないが，この濃度が高くなることは換気が十分行われていないことを意味するため，各種の汚染物質の代表として扱われている。ビル管理法等で定められているCO_2の許容濃度は0.1％（1,000ppm）であるが，住宅についての基準はないため，暖房などで開放系の燃焼器具を使用する場合など5,000ppmを超えることが頻繁に起こる。また，継続使用により酸素不足が生じ，不完全燃焼により毒性の高い一酸化炭素濃度が高くなることもある。そこで，1時間に1回程度，換気することが望ましい。

　住宅において行われる生活行為に関する推奨照度はJIS等で定められている。特に高齢者は眼球の水晶体が黄濁し透過率が落ちるため，若者より明るくする必要があるが，まぶしさ（グレア）を感じやすいので均質な光環境が必要になる。

　光は明るさや見やすさ以外に，睡眠や覚醒をコントロールするメラトニンという脳内で分泌されるホルモンに影響を与える。メラトニンは夕方から分泌を始めるが，明るい光を浴びるとその分泌が遅延し，抑制されるので，住居内の光も夜になるにつれて暗くしていったほうが良い。過度の明るさは眠気を抑制するため，寝付きが悪くなり，入眠後も中途覚醒が増えて，深い睡眠がとりにくくなる。一方，朝の明るい光は，メラトニンホルモンの分泌を終了させるので，目覚めが良く，すっきりさせる効果がある。カーテンの開け閉めや明るさを調整することは，人の**サーカディアンリズム**（概日リズム）に直接的に影響を与えるので，毎日の生活リズムを整えるためにも，実行したい行為である。

　住生活上の問題で発生率が高いのが騒音問題である。音は，音源から発したエネルギーが空気や固体中を振動として伝わる波動（音波）である。中でも望ましくない音を騒音というが，特に集合住宅で騒音に対する苦情が多い。したがって集合住宅に居住する場合，近隣への音の伝播に配慮し

た生活時間の工夫などが必要になる。

3. 安全な住まい

　住居の安全性にかかわる要因としては，気象によるもの（雪，暴風雨，ひょう，洪水など），地盤によるもの（地震，軟弱地盤，造成地，活断層，津波，高潮，液状化など），人為的現象によるもの（火災，衝撃など），その他の要因（シロアリ，腐食など）があげられる。

　古来より地震が多発してきたわが国では，大地震が住居に及ぼす影響を無視することはできない。過去の震災では，地震や津波による建築物の倒壊などの甚大な被害だけでなく，震源が離れた地域においても埋立地で地盤沈下や大規模な液状化現象が発生している。また，温暖化の影響によるものか定かではないが，史上最強クラスの竜巻発生により住宅が基礎ごとひっくり返るなど，これまでには見られない自然災害による建築物の倒壊被害も起こっている。

　図14-1に**傾斜地の造成**による宅地開発における危険度を示す。

　一般の住宅地の場合，図に示すようにひな壇状に造成されることが多い。そのため全面切土以外の部分は，部分的に盛土されているため，地盤としては不安定となる。その結果，台風や豪雨後に大規模な地すべりが発生し住宅が損壊するなどの地盤にかかわる問題が生じている。これは，山林だった土地を開発によりコンクリートで固めてしまうと，それまで地中に浸透し，森に保水され，ため池の水となっていた雨水が，そのまま雨水排水となるからである。したがって集中豪雨の際には，浸水や地滑り等のおそれがあるため，開発以前からの地盤を考慮し，気象の変化等に対応できるようなシステムを整えることが必要である。

　住居の構造は，住宅の骨組みに使われている材料によって，木質構造，鉄筋コンクリート構造，鉄骨構造，その他に分類される。建物が戸建なの

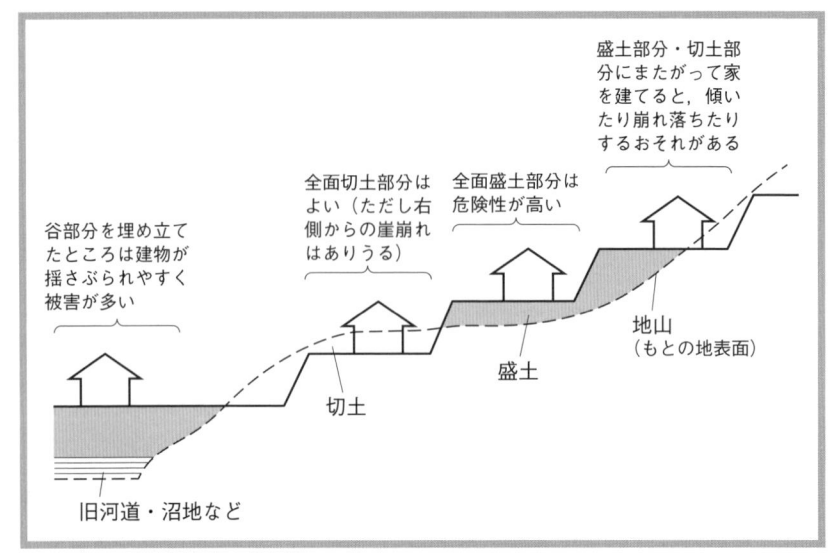

図14-1　傾斜地の造成

(坂本功：木造建築を見直す，岩波書店，2000，p.187)

か集合住宅なのか，あるいは，規模の程度によって違いが生まれるが，構法・工法の選択は耐震性，耐火性，耐久性などの性能や工期，コストなどに影響することを認識しておく必要がある。

　日本の住宅の主な材料は木材である。それは古来より樹林に恵まれ容易に良質の木材を入手できたことによるが，木質材料の吸放湿特性等がわが国の高温多湿な気候風土に適合していたためと考えられる。さらに木材は加工，運搬や組み立てが比較的容易であるが，虫害や腐朽の害を受けやすく，軽いがゆえに台風に弱く，耐火・耐震的ではないという欠点がある。木質構造は，高さや階数の制限，都市部における防火上の規制への配慮が重要である。これら住宅用資材・木材に関しては，海外からも安い材が輸入され，流通している。しかも腐朽を防ぐ加工がされた建材や合板の接着剤など施工材料に含まれる化学物質（VOC）が竣工後に室内に発生し，皮膚・呼吸器・目鼻のアレルギー様症状で居住者の健康へ悪影響を及ぼすと

いう事態も生じている。この症状は**シックハウス**と呼ばれ1990年代に顕在化した。その結果，室内の化学物質濃度の指針値や暫定目標値が設定され，建築基準法が改正された。つまり，住宅そのものにおいては改善されたが，輸入家具等への規制はいまだ十分ではないという問題がある。

　木造住宅の工法としては，木造在来工法（軸組工法）や枠組み壁工法がある。軸組み工法は，従来の住宅に受け継がれてきた工法で，コンクリート基礎の上に土台を置き，それに柱を立てて，梁や桁（軸組みを構成）を渡し，その上に小屋組みと呼ばれる屋根をかけることから，外観，間取りの自由度が高い。一方枠組み壁工法は，北アメリカから伝わったツーバイフォー工法（2×4住宅）で，床，壁，天井からなる箱型の枠組みによる工法である。構造的に優れた耐震性，耐風性を備えているが，壁自体が構造体のため，間取り等に制約を受ける。

4. ライフサイクルと住生活

　家族は社会の生活単位であり，多くが夫婦と子どもからなる（核家族）。家族が協力しあって家庭生活を営む場が住居である。家族の人数が増えるなどライフステージや家族それぞれのライフスタイルによって，住まい方は変化し，住居や住生活に求める要件は変わってくる。

　図14-2は，3Kの集合住宅における**家族の成長**と住まい方の変化の例を示したものである。この事例は，同じ住宅で住まい方を変化させることで，家族の成長に対応したケースである。すなわち夫婦だけの生活から，子ども2人が生まれ家族4人の生活へと変化している。

　まず幼少期は夫婦と就寝を共にするため，夫婦寝室と客間の間のふすまを取りはらって家族全員の就寝室としている。さらに子どもたちが学齢期になると，子ども部屋（勉強・就寝する）を与えるため，再び2つの部屋（子ども室と夫婦の寝室）に分離している。子どもが同性の場合は2人で1

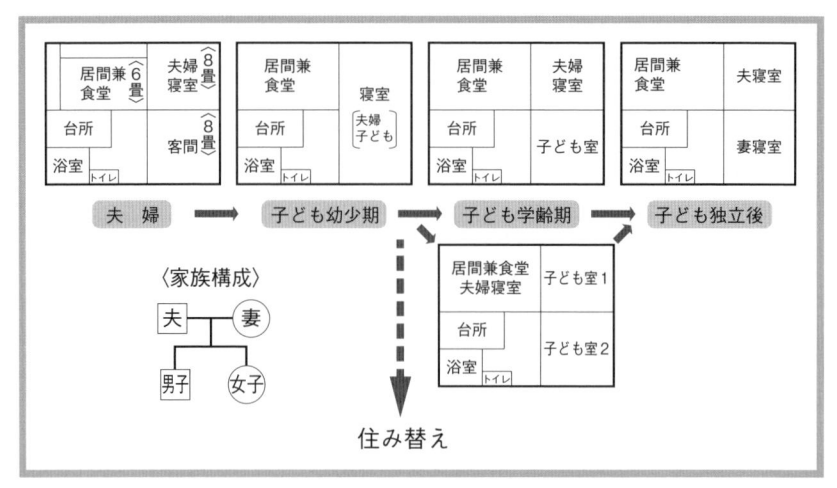

図14-2　家族の成長と住まい方の変化の例

室とする住まい方に，また異性の場合または同性であっても，それぞれが個室を確保する住まい方がなされる。このように思春期までに性別就寝を実行するには部屋数が足りないため，夫婦の寝室は居間・食堂と兼用した住まい方となる。あるいは，部屋数を確保するために，**住み替え**が行われる。その後，子どもたちが独立すると，夫婦は生活時間の違いなどから，子ども室であった部屋を，それぞれが個室（別室就寝）とする住まい方が一般的になされているといえる。

　このように住宅と住生活とのかかわりとしては，同一の住宅でライフステージにより住まい方を変化させて対応していくケースと家族の成長，住要求の変化により新たに住宅を取得して対応していくケースとがある。

　人々の居住を目的とする建築物である住宅は，一つの敷地に一世帯が居住する「戸建て」と，複数世帯が居住する「集合住宅」とに大きく分けられる。また自己が所有し居住する「持ち家」と他人が所有する住宅を借りて居住する「借家」（貸家・貸間・賃貸住宅）に分けることもできる。戸建住宅の場合は，建築時や購入時から家族の住居に対する要求の変化に応じ

た対応や変更が可能であるのに対し，集合住宅は建設当初から，居間，食事室，寝室といわゆる空間が固定されているなど，それぞれ長・短所を有している。

なお，「持ち家」を取得する場合，購入費用の多くの割合を金融機関でローンを組んで資金調達することが多いが，ローンの割合を減らすには事前に十分な頭金を貯めておきたいものである。さらに居住後，住宅を維持していく上で**管理費**や**修繕費**などが生じること，また住み替えの可能性があることなどを考慮した資金計画を十分に練る必要がある。

地域とのかかわりも住宅を取得する際，考慮すべき要素の一つである。日常生活と地域とのかかわりとしては，子どもから高齢者，障害のある人々への配慮がなされていることが重要である。今日，私たちの日常の行動範囲は，交通機関の発達によって広がっているが，日常の**生活行動圏**とは，徒歩圏内を一つの目安にして決められている。すなわち，住居を拠点として，住民が歩いて行ける施設や商店などが配置されている地域であるかどうかを知っておくことも必要である。

現在，家族の形態，ライフスタイルは多様化したといわれている。特に家族形態の変化として，これまで高齢者の一人暮らしの増加が注目されてきたが，昨今は中高年層の単身世帯が大きく増えている。今後，一般住宅で生活する高齢者が減少し，高齢者専用のケアハウスに居住する人口が多くなると予想される。したがってこれからの住居として，これまでの家族（夫婦と子どもなどの血縁）が生活する場所としての住居だけではなく，高齢者同士および高齢者と若い世帯が相互に扶助しつつ生活する**コレクティブハウス**（共同生活を営む集合住宅）や**シニアハウス**（個室はあるが食事や風呂は共同）等が増加していくと思われる。

さらに日本の住宅周期は30年以下とヨーロッパ諸国に比べて短いといわれてきたが，近年は中古住宅や設備等を，改築・改修したり，新製品に置き換えるなどの**リフォーム**をする中古住宅市場が活性化し，居住者側の

選択の幅は広がっている。

　今日，「持続可能な環境をつくる」にあたって，**省エネルギー**化が取り上げられている。住生活において省エネルギー化を進めるためには，これからの住宅として，ペアガラスや断熱材の充填など断熱化・気密化した省エネルギー住宅を建てることが望ましい。特に，住宅の屋根等に太陽電池パネル・太陽熱温水器などを取り付けて，自然環境を活かしながらエネルギーをつくる．また，地域においては排水・家庭廃棄物から利用できるエネルギーを採取するなど，統合的なエネルギーの循環システムをつくり，計画的にエネルギー管理をすること，つまり，限りある地球資源を大切にする環境づくり，**環境共生型**の住居や住生活のあり方が今後の課題となるだろう。

【参考文献】
・Maslow AH.: Motivation and personality. Harper & Row, New York, 1954.
・後藤久，沖田富美子編著：住居学，朝倉書店，2007.
・小川信子：生活歴と住居，学術の動向 2011；11.
・坂本功：木造建築を見直す，岩波新書，2000.

第15章 これからの生活を考える
演習

1. 人生のマップを書こう

　これまでの14章で、生活の周辺の事柄について学んできた。これから先の限りない可能性を含んだ人生を最適にデザインするためには、イマジネーションが欠かせない。未知なるものへの大きな期待を込めて、生き生きとした感性をもって、イマジネーションを働かせてみよう。

　人生を見通す長期的視野に立ち、自分が望むものを実現させるために何が必要か、広がっている可能性の中から何を得て何をあきらめるか、適切な取捨選択をするためにはどうすればいいか、何がどれだけ必要になるか、自分自身の能力、日々の暮らし方、必要なお金、拘束される時間と自由な時間、人間関係をどのように構築するか、などをできるだけ具体的に考えながら大きな人生のマップを描いてみよう。

　自分流のライフステージをつくり、それぞれのステージで、大切にしたいことやライフステージに関係なく貫いていく生活スタイルはどのようなものを良しとするかを考えてみよう。

　これからの人生の時間は、これまでの20年を除いて、おおよそ70年×365日の日々がある。この期間を自分なりにいくつかのステージに区切って、自分の望む人生像を実現するためには、それぞれのステージで最も**大切にしたいことは何か**を考えてみよう。

第15章　これからの生活を考える

課題1　自分流ライフステージとそのステージでの重点事項を書いてみよう。

課題2　生涯を通して貫きたい生活スタイルを書いてみよう。
（衣食住等項目別に書いてもよい）

2. 具体的問題の演習

次のような点についてあなたはどう考えるかを具体的に書いてみよう。

課題3　20～40歳代のワークライフバランスをどのようにとるか。
（あなたにとって「ワーク」や「ライフ」とはどのようなものか，どちらに比重を置きどのようなバランスを考えるかなど）

課題4 自然との共生と快適な生活の観点から，これまでの生活を振り返り，今後の生活を描いてみよう。
（快適性追求と自然保護は二律背反か共存かを踏まえて，自分のこれまでとこれからの生活についてなど）

課題5 これまでの周囲との人間関係，これから築きたい人間関係はどのようなものか描いてみよう。
（これまでの家族との関係，人生の伴侶は必要か，親や子どもとはどのような関係を築きたいかなど）

課題6 生活上のリスクを最小限にするためにどのような備えをするか。
（不慮の病気・事故や事件・災害に遭うことに対してどのような社会的な保障を利用するか，また個人的な備えについてなど）

第15章 これからの生活を考える

> **課題7** これまでの衣食住を振り返り，今後どのような衣食住を望むか。
> （健康，安全，感性（趣味）など）

　生活に関する学習は，実践してこそその実を結ぶものである。これから先の長い道のりで，自分の描く人生に向かって，常に学びながら実践していくことを強く期待したい。

索引

あ行

ILO	111
編地	156
洗う	157
安全・安心	121,149
安全な住まい	163
安全欲求	160
育児・介護休業法	110
育児休業法	67
いじめ	61
衣生活	158
衣服	147
衣服の洗濯	157
ウイルス性食中毒	123
運転資金	72
運動	17
運動強度の指標	21
衛生管理	131
栄養機能	136
ADL	33
エクササイズ	21,23
エクササイズガイド2006	17,18
エネルギー循環系	45
FTA	78
M字型就労形態	109
親性	65
親になるための教育	65
親の役割	65
織り地	155
温暖化	45
温暖化の進行	46

か行

介護保険制度	99
概日リズム	37,162
会社組織	74
快適な住まい	161
かかわり方	52
かかわり方の類型	51
核家族	82,165
貸し倒れ	73
河川法	44
家族的責任条約	111
家族の成長	165
家族法	107
片稼ぎ	87,89
カットソー	156
家庭用品質表示法	147
株式上場	72
借入れ	72
換気	161
環境共生型の住居	168
関係把握の仕方	50
管理費	167
企業	70
企業の活動	76
企業の国際化	75
気候緩和作用	161
規則正しい生活	38
揮発性物質	122
希望販売価格	71
基本的な生息環境	44
キャピタルゲイン	72
QOL	2
共食	140
共助の社会	43
禁煙	20
銀行	70
近代社会	14
近年の衣生活	152
金融商品	102
クーリングオフ制度	103
毛	153
経済リスク	85
傾斜地の造成	163,164
結婚	85,106
結婚のリスク	84
決算書	73
ケミカル・リサイクル	155
健康	30
健康寿命	5,30
健康とリスク	96
健康日本21	36
健康保険	96
言語メッセージ	54
洪水	41
合成繊維	155
公的年金	98,99
小売卸売業	70
高齢化率	7
高齢期の健康管理	33
コース別雇用管理	113
コーデックス委員会	129
国民健康・栄養調査	136
国民生活センター	100
国連女性差別撤廃条約	111
心の豊かさ	12,13
孤食化	141
個食化	141
骨折発症のリスク	34
骨粗鬆症	34
コットンボール	155
骨量減少	34
子どもの虐待	63
コミュニケーション	53
コミュニケーション能力	78
雇用関係	94
雇用保険	94
コレクティブハウス	167

さ行

サーカディアンリズム	162
サービス業	70
災害	41,100
細菌性食中毒	123
最大骨量	34
最大酸素摂取量	27
里山	42
3者関係型	51
暫定基準値	129
シーベルト	127
Sv	127
時間資源	11
自己管理能力	40
自己とのコミュニケーション	54
自殺	61
支出	87
自然環境	41
自然災害	48
自然毒	125
シックハウス	165
実収入	83
児童虐待	117,119
児童虐待の防止等に関する法律	117
児童虐待防止法	117
シニアハウス	167
絞る	157
資本家	69
資本主義経済	69,70
社会人	69
社会保障	96,97
住居の機能	159
住生活	159
修繕費	167
住宅	166
集中豪雨	42,47
収入	83,87
自由貿易協定	78
就労経歴	91
省エネルギー	168
生涯発達	9
少子化社会	5
消費支出	88
消費者教育	104
消費生活センター	102
食育基本法	135
食事形態	142
食事内容の選択	138
食事に対する価値観	145
食習慣	20
食習慣の確立	31
食中毒	123,124
食中毒予防	132
食の栄養機能	135
食の外部化	142
食の機能	135
食のコミュニケーション機能	136
食の生活リズムの調整機能	136
食の精神的な安定	136
食品安全委員会	101
食文化	136,145
食料自給率	144
女性の労働権	110
人口減少社会	7
人口の高齢化	7
人生設計	8
人生のマップ	169
人生のマネジメント	5
身体活動	17
身体活動量	21,23
信用情報機関	103
心理的距離	55
水質汚染	43
スタティック	49
ストレス	39
スポーツ	17
住み替え	166
生活活動	25
生活行動圏	167
生活資源	10
生活習慣	32
生活習慣病	19,31
生活の拠点	159
生活のマネジメント	10
生活のリスク	93
生活保護制度	99
生活保障	97
生活リズム	139
成人期	1
成人期の健康管理	31
製造業	70
静態的	49
生態的な4つの環境システム	64
生体リズム	37
生命保険	96
生理的欲求	160
セーフティネット	10,87,99
セクシュアル・ハラスメント	114
セクハラ	115
世代間扶養	97
世帯規模の縮小	81
摂食・嚥下障害	33
ゼロメートル地帯	47
繊維の組成表示	147
洗剤	158
咀嚼機能低下	33
育てられる時期	1
育てられる時期の健康管理	31
ソラニン	125
損害保険	100

た行

体温調節	148
対人関係	50
対人距離	54

ダイナミック	49	働く女性	107	水塚	42
大量調理施設衛生管理		ハビタート	44	メタボリックシンドローム	
マニュアル	132	バブル崩壊	75		25
食べること	30	引きこもり	61	メッツ	21
男女間の賃金格差	108	非言語メッセージ	54	メディアコミュニケー	
男女共同の子育て	67	非消費支出	90	ション	55
男女雇用機会均等法	112	ヒスタミン中毒	125	免疫機能	39
男性の長時間労働	112	非正規雇用	85	綿花	155
単独世帯	82	非正規雇用の増加	108	物の豊かさ	12,13
地球温暖化	47	人とのコミュニケーション		洋服	151
地産地消	144		54		
治水事業	43	一人暮らし	83	**ら行・わ行**	
沖積地	41	皮膚温	148	ライフコース	15,84
懲戒権	119	被服	148	ライフサイクル	29,30,165
長期使用製品安全点検制度		ファイナンシャル・リテラ		ライフスタイル	10
	101	シー	103	ライフステージ	8,29
長寿社会	5	富栄養化	43	ライフプラン	68
朝食の役割	37	フグ毒	125	リーマンショック	77
賃金格差	87	物理的距離	55	離婚	90
低体温症	149	不登校	61,62	リスクアナリシス	133
天然繊維	155	文化の伝承	152	リスク管理	133
動態的	50	平均寿命	5	リスクコミュニケーション	
毒性試験	122	平均余命年数	96		101,133
共稼ぎ	87,89	ベクレル	127	リスクゼロ社会	93
取り扱いに関する表示	147	Bq	127	リスク評価	133
トレーニング	17	貿易立国	75	リスク分析	133
		放射性物質	126,130	リスクマネジメント	94
な行		放射能汚染食品	126	リソースマネジメント	10
内臓脂肪	25	法の役割	105	リタイアメントライフ	97
内臓脂肪症候群	25	母子世帯	90	リフォーム	167
内部被ばく	126	干す	157	労働基準法	106,112
日周リズム	37	母性保護	111	労働者	69
ニット	156	骨の健康	35	労働者災害保険	95
人間関係	49,50	ボランタリズム	56	労働力人口	108
年金制度	97	ボランティア活動	57,58	老齢期	1
ノーマライゼーション	10	ポリウレタン	153	ローン	103,167
		ポリエステル	153,156	ワーキングプア	87
は行				ワークライフバランス	
配当	72	**ま行・や行**			67,110
HACCP	131	マーケティング	71	和服	151

〔執筆者〕（執筆順）　　　　　　　　　　　　　　　　（執筆分担）

氏名	所属	執筆分担
片山　倫子（かたやま　みちこ）	東京家政大学名誉教授	はじめに・第13章
渋川　祥子（しぶかわ　しょうこ）	横浜国立大学名誉教授	序章・第12章
工藤　由貴子（くどう　ゆきこ）	元横浜国立大学教授	第1章
田畑　泉（たばた　いずみ）	立命館大学教授	第2章
塚原　典子（つかはら　のりこ）	帝京平成大学教授	第3章
小川　宣子（おがわ　のりこ）	中部大学教授	第3章
池田　駿介（いけだ　しゅんすけ）	（公社）日本工学アカデミー専務理事，東京工業大学名誉教授	第4章
武藤　安子（むとう　やすこ）	横浜国立大学名誉教授	第5章
伊藤　葉子（いとう　ようこ）	千葉大学教授	第6章
岡林　正和（おかばやし　まさかず）	元十文字学園女子大学教授	第7章
天野　晴子（あまの　はるこ）	日本女子大学教授	第8章
西村　隆男（にしむら　たかお）	横浜国立大学名誉教授	第9章
戒能　民江（かいのう　たみえ）	お茶の水女子大学客員教授・名誉教授	第10章
西島　基弘（にしじま　もとひろ）	実践女子大学名誉教授	第11章
多屋　淑子（たや　よしこ）	日本女子大学教授	第13章
都築　和代（つづき　かずよ）	豊橋技術科学大学教授	第14章
沖田　富美子（おきた　ふみこ）	日本女子大学名誉教授	第14章

人と生活

2012年（平成24年）11月20日	初 版 発 行
2019年（平成31年）２月15日	第３刷発行

編 者　「生活する力を育てる」
　　　　ための研究会

発 行 者　筑 紫 和 男

発 行 所　株式会社 建 帛 社
　　　　　　　　　　KENPAKUSHA

〒112-0011　東京都文京区千石４丁目２番15号
　　　　　　ＴＥＬ（03）3944-2611
　　　　　　ＦＡＸ（03）3946-4377
　　　　　　https://www.kenpakusha.co.jp/

ISBN978-4-7679-1446-6 C3077　　あづま堂印刷／田部井手帳
Ⓒ片山倫子ほか，2012.　　　　　　Printed in Japan.
（定価はカバーに表示してあります）

本書の複製権・翻訳権・上映権・公衆送信権等は株式会社建帛社が保有します。
JCOPY〈出版者著作権管理機構　委託出版物〉
本書の無断複製は著作権法上での例外を除き禁じられています。複製される場合は，そのつど事前に，出版者著作権管理機構（TEL 03-5244-5088, FAX 03-5244-5089, e-mail : info@jcopy.or.jp）の許諾を得てください。